# Tessin

Eine Tasse Espresso auf der Piazza, Promenieren unter Palmen, Sonnenbaden am See – am Lago Maggiore und am Lago di Lugano fühlt man sich nach Italien versetzt. Gearbeitet jedoch wird in Lugano und Locarno, den größten Wirtschaftszentren des Tessins, mit schweizerischer Präzision. Lugano ist – nach Zürich und Genf – der drittgrößte Finanzplatz der Schweiz. Viele internationale Firmen haben hier ihren Sitz. Aber auch den Immobilienspekulanten bot der einst so arme Kanton denkbar günstige Bedingungen. Inzwischen sind – so vermerken die Einheimischen besorgt – bedenklich viele Villen und Häuser in fremder Hand, werden als Zweitwohnsitze, Urlaubs- und Wochenenddomizile genutzt.

Weltoffen war das Tessin schon immer. In der Antike hielten die Römer durch das Bleniotal und über den Lukmanierpaß Verbindung zu ihren rätischen Garnisonen, im Mittelalter wandelten Kaiser mit ihren Heeren und Kaufleute auf diesem Weg. Später leitete der mühevoll geschaffene Übergang über den St.-Gotthard-Paß zwar den Verkehrsstrom in ein anderes Tal um, aber das Tessin ist bis heute eine Hauptschlagader des transalpinen Verkehrs geblieben. Völker und Kulturen begegneten sich hier. Tessiner Baumeister schufen bedeutende Werke lombardischer Kunst und wurden berühmt, Künstler aus aller Welt machten das Tessin zu ihrer Wahlheimat, als einer der bedeutendsten zum Beispiel Hermann Hesse.

Das Tessin lebt vom Fremdenverkehr. Doch auch abseits der Ausflugsorte läßt sich der Charme des knapp 3000 Quadratkilometer großen Kantons genießen. Die Landschaft ist reich an Gegensätzen. Sopraceneri, der gebirgige Norden, bereitet einen schroffen Empfang, denn gewaltige Gebirgsmassive stellen sich quer; doch vor dieser granitgrauen Steinkulisse gedeiht, wo immer der Boden es zuläßt, eine üppige Vegetation. Unzählige Pfade und Wege sind für Wanderer erschlossen. Sie führen in einsame Höhen, durch abgelegene Täler und stille Dörfer. Den Kontrast dazu liefert der Sottoceneri, der Süden des Kantons, mit seinem milden, mediterranen Klima und seinem weichen Licht. Im mondänen Ascona wie im benachbarten Locarno, in Lugano und selbst im eher geschäftigen Bellinzona: Hier spürt man überall das mediterrane Flair.
Der vorliegende HB-Bildatlas führt zu den schönsten Reisezielen des Tessins und lädt ein zu Touren abseits der ausgetretenen Pfade.

**Unweit von Morcote liegt der idyllische ›Parco Scherrer‹ mit üppiger Vegetation und exotisch anmutender Architektur.**

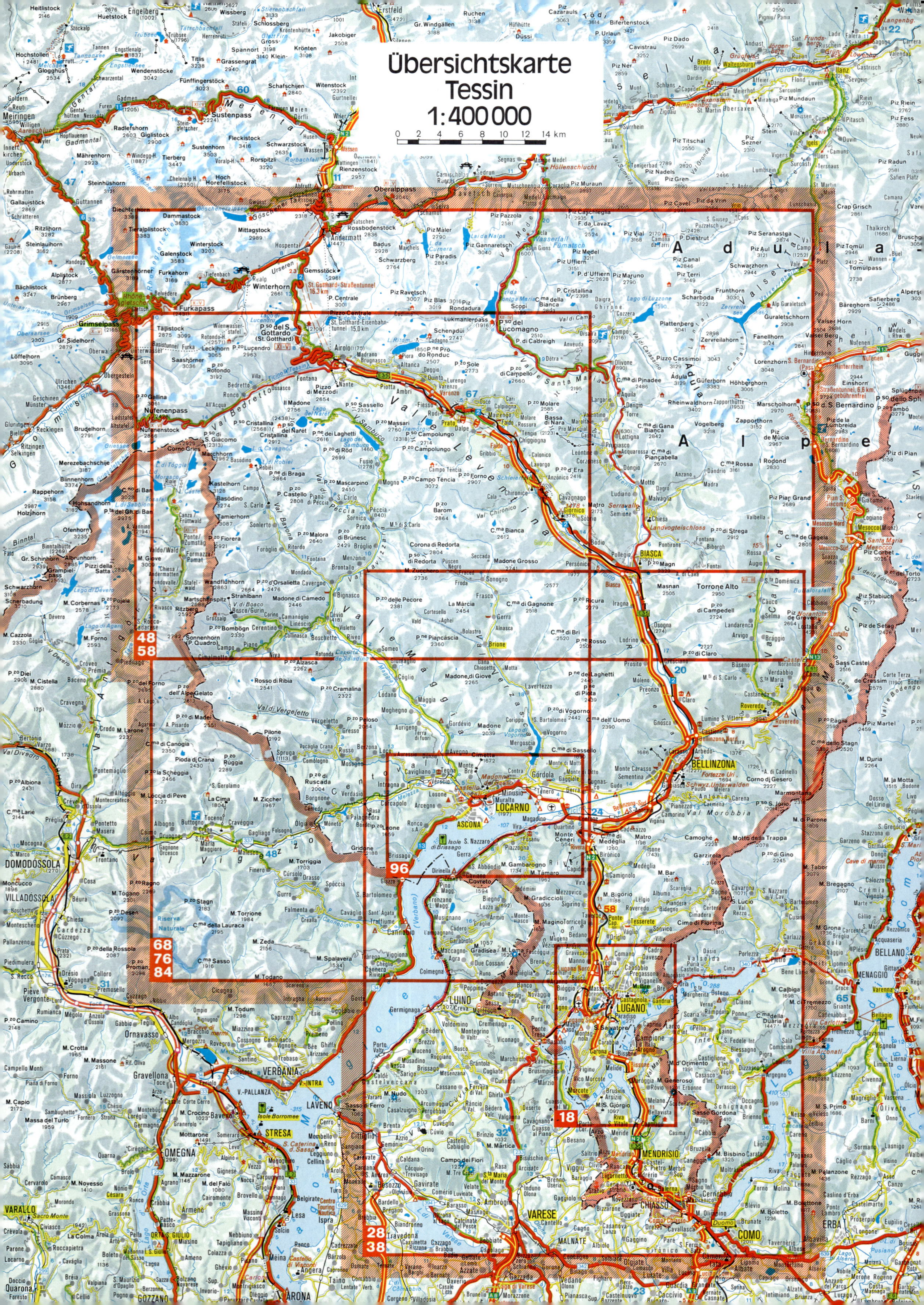

Übersichtskarte
Tessin
1:400 000
0 2 4 6 8 10 12 14 km
BELLINZONA
LOCARNO
ASCONA
LUGANO
MENDRISIO
CHIASSO
COMO
VARESE
LUINO
DOMODOSSOLA
VILLADOSSOLA
VERBANIA
STRESA
BIASCA
Adula
Alpi
Valle Leventina
Valle Maggia
Valle di Blenio
Val Mesolcina
Nufenenpass
Grimselpass
Sustenpass
Oberalppass
Lukmanierpass

# Inhalt

**Im von hohen Bergen umgebenen Bavonatal bei San Carlo macht das ›Ticino granito‹ seinem Namen Ehre.**

Auf der Piazza della Riforma im Herzen der Altstadt von Lugano pulsiert im Sommer das Leben.

# *Lugano: Italien auf Schweizer Art*

Trotz mancher Anpassung an die deutschsprachigen Touristen versteht sich Lugano als Zentrum der schweizerischen Italianità. Espresso auf der Piazza, Bummeln unter Arkaden, Bootfahren auf dem Lago di Lugano. Dennoch, hier wird nicht weniger gearbeitet als anderswo in der Schweiz. Nicht umsonst ist die Stadt Sitz vieler Banken und Treuhandfirmen. Müheloser noch scheint das Leben in der italienischen Enklave Campione, wie Gandria oder auch Morcote eine ehemalige Fischersiedlung am Lago di Lugano.

△ Wo einst Pferdekarren entlangrumpelten . . .

. . . wird heute vor eleganten Auslagen flaniert: Via Nassa ▽

△ Eine unterhaltsame Unterbrechung: Break-Dancers

△ Eine verlockende Alternative: Picknick aus dem Angebot der Feinkostläden in der Via Pessina

△ Bankgeschäfte hinter neubarocken Fassaden an der Piazza Manzoni

Italienisch: Obst in der Via Pessina ▽

Das Wort ›Lugano‹ klingt so richtig italienisch, es zergeht einem auf der Zunge wie ›Gelato‹. Lugano – dazu gehören der gleichnamige See, die Palmen, Sonne, Kamelien, Platzkonzerte, Espresso aus verchromten Kaffeemaschinen und natürlich Risotto.

Die Kleinstadt (knapp 30 000 Einwohner) gibt sich als Metropole: eigener Rundfunk, drei Tageszeitungen, ein geradezu babylonisches Sprachgewirr. Lugano sieht nicht nach Arbeit aus, sondern nach Muße. Lauter braungebrannte Menschen scheinen den ganzen Tag auf der Piazza zu verbringen, im Lido, in den schaukelnden Booten auf dem See, in den vielen Paradiesgärten der Villen. Das ist der italienische Charakterzug. Doch hinter der klassizistischen Fassade des Rathauses und in den Banken, in Treuhandfirmen und Wechselstuben, in den Hotels und Boutiquen wird hart gearbeitet. Von nichts kommt nichts. Lugano ist immerhin der drittgrößte Finanzplatz des Landes. Und die Preise stimmen. Das ist der schweizerische Charakterzug.

Die Kulisse ist italienisch: operettenhafte Berge, blutrote Sonnenuntergänge, mediterrane Vegetation, Pastellverputz an Flachdachhäusern, armdicke Salami und Rotwein in den Läden. Das ›Libretto‹ hingegen ist helvetisch: Pünktlichkeit, Ordnung und Sicherheit, Vertrauen in Beton, Staat und harte Währung. Die Luganeser Mischung hat Vor- und Nachteile, ist aber jedenfalls gut erträglich.

## Ein bißchen flanieren

An einem Sommernachmittag erscheint die Piazza Riforma wie der Nabel der Welt; da geben sich die Hausfrauen und Schüler, Beamte und Rentner aus der Nordschweiz, Touristen, Finanzjongleure und der Jet-set ein lebhaftes Stelldichein. Doch Lugano ist auch ein Dorf – schon bald entdeckt man vertraute Gesichter.

Was für Paris die Champs-Élysées und für Düsseldorf die ›Kö‹, das ist für Lugano die Via Nassa, die an der Piazza Riforma beginnt. Hier, wo einst Pferdekarren südwärts aus der Stadt rumpelten, sind die schillernden Namen der ›Alta Moda‹ vereinigt. Hier gibt es Parfum-, Uhren- und Schmuckgeschäfte, die diskret auf Preisschilder verzichten, Antiquariate der gehobenen Klasse, zwischendurch aber auch Kioske, wo

△ Romanik und Renaissance: die Luganer Kathedrale und das Fresko in der Kirche Santa Maria degli Angioli ▽

△ Aus dem 18. Jahrhundert: Palazzo Riva an der Piazza Cioccaro

△ Heute Museum: die Villa der Brüder Ciani im Parco Civico

△ Vergnügen und Verwaltung: Piazza Riforma und Palazzo Civico

›Eingang‹ zum Luganer See: Schiffstation von Paradiso ▽

schlicht Zigaretten oder Schokolade zu haben sind.

Taufpaten Luganos als Touristenmagnet waren die Brüder Ciani. Als Tessiner in Mailand aufgewachsen, mußten die Revoluzzer fliehen, ließen sich 1833 in Lugano nieder, bauten sich hier zunächst die Villa Ciani – Glanzstück des wunderschönen Stadtparks – und 1853 dann ein Luxushotel bei der Kirche Santa Maria degli Angioli. Das war kühn im Zeitalter der Postkutschen. Doch wußten die Gäste nach holperiger Fahrt ein weiches Bett zweifellos zu schätzen. Erst nach der Eröffnung des Eisenbahntunnels setzte jedoch der richtige Übernachtungsboom ein. In neun Stunden zockelte man 1885 von Basel nach Lugano – die Pferdepost hatte gut zwei Tage gebraucht!

## Junger Bischofssitz

Die Tessiner sind katholisch, in Lugano steht die Kathedrale des Kantons, San Lorenzo; kein himmelhohes Riesenschiff, sondern ein gedrungener Bau am Rande der Altstadt, nur wenige Schritte vom Bahnhof entfernt. Dort stand schon die karolingische Pfarrkirche, die im Jahr 818 erstmals Erwähnung fand. Es gibt gewiß prachtvollere Sakralbauten in der Schweiz, aber San Lorenzos Renaissance-Fassade ist weithin berühmt.

Daß San Lorenzo heute die Würde einer Kathedrale trägt, einer bischöflichen Hauptkirche also, haben sich die Luganer freilich erst erkämpfen müssen. Über ein Jahrtausend lang hatte das Tessin zum Bistum Como gehört; im Jahr 1888 fand man dann eine eidgenössische Kompromißlösung: Der ganze Kanton wurde (kirchlich) zum Bistum Basel geschlagen, was allerdings niemanden entzückte. Erst seit 1972 residiert in Lugano unauffällig ein Tessiner Bischof – wie seine fünf Schweizer Kollegen direkt dem Heiligen Stuhl unterstellt.

## Jahreszeiten

Es gibt zwei Luganos: das sommerliche und das des Winters. Die meisten Gäste kennen nur die warme, anregende Stadt mit Blumenbeeten, heiteren Menschen und den weißen Dreieckstupfern der Segelboote auf dem See. Doch zwischen November und März gibt es ein ganz anderes Lugano, ein introvertiertes, das unter fahlem Licht vor sich hin dämmert; hinter ver-

△ ›Grande spettacolo pirotecnico‹ beim Seenachtsfest

Frühling an der Riva Caccia ▽

△ Vor der Altstadt: die Seepromenade

Riva Caccia: Spaziergang mit Seeblick ▽

△ Zeitgenössische Bildhauerarbeiten in den Parkanlagen der Riva Caccia

Blumen überall: Piazza Manzoni ▽

schlossenen Rolläden scheinen Hotels zu dösen, um die kahlen, schwarzen Platanenäste der Uferpromenade kreischen die Möwen.

Im Februar ist die Zeit des Erwachens gekommen. Unruhe macht sich breit: Der Karneval kündigt sich an. Während der Monte San Salvatore noch eine Schneekappe trägt, ziehen Kinder, Männer, Frauen in heiteren Kostümen durch die Gassen und vertreiben mit lauter Musik die Geister. Und auf der Piazza Riforma dampft in Kesseln Risotto.

Doch erst vor Ostern ist Lugano für Besucher bereit. Auch die Quai-Anlagen sind den Brüdern Ciani zu verdanken. Als erste setzten sie sich für Repräsentation ein, und gegen schlammverdreckte Schuhe. Ein bißchen schmal ist die Promenade zwar beim Hafen. Aber bei Santa Maria degli Angioli weitet sie sich zum Park und führt um die Bucht herum direkt zum Paradies. Nichts anderes heißt ja ›Paradiso‹, und wenn auch einige Hotels und Appartementhäuser an Festungen erinnern, muten viele Gärten tatsächlich paradiesisch an. Nachts dagegen wähnt sich manch älterer Besucher wohl eher der Hölle nahe: Dann dröhnt Rockmusik aus den Diskotheken.

Höhepunkt der sommerlichen Lustbarkeiten ist das Seenachtsfest Ende Juli, ›Grande spettacolo pirotecnico‹. Ein Farb- und Knallspektakel in der Bucht Luganos, von Zehntausenden geräuschvoll bewundert.

## ›Rien ne va plus!‹

Wenn das Paradies ein Vorort von Lugano ist, dann liegt Sodom der Stadt gegenüber: Campione, ein Fleck Italien in der Schweiz, am Ostufer des Luganer Sees. Im Jahr 1848, als revolutionäre Bewegungen ganz Europa und natürlich auch das unter dem Joch der Habsburger stöhnende Oberitalien erschütterten, hatte die Tessiner Regierung ein Anschlußgesuch der Campionesi, damals einfache Bauern und Fischer, schlichtweg ignoriert. Das Dorf dämmerte vor sich hin, bis 1933 das Casino eröffnet wurde. Anvisierte Kunden: die schon damals vergleichsweise reichen Schweizer. Denn in Helvetien bleibt die Spielleidenschaft auf einen Fünfliber beschränkt, in Italien ist dagegen jeder selbst seines Glückes Schmied – zumindest am Spieltisch. Nach dem Krieg bis 1983 gab es in

△ Kleine große Welt in Gandria . . .

. . . und großartige kleine Welt von ›Swissminiatur‹ ▽

Fast eine Märchenwelt: der ›Parco Scherrer‹ bei Morcote, exotisch in Vegetation und Architektur ▽

△ Nur für Fußgänger: Gandria

△ Breit ist das Angebot an Folklore und Souvenirs in Bissone . . .                . . . und Morcote ▽

Klebt geradezu am Berg: Morcote mit Kirche und Burgruine ▽

Campione dennoch einen ›Schweizer Saal‹ für kleine Einsätze. Doch inzwischen dürfen die Tessiner endlich wieder Kopf und Kragen, Haus und Hof riskieren.

Wo Grenzen sind, gibt es nicht nur Grenzwächter, sondern auch Bestimmungen, die den Schmuggel herausfordern, weil sie ihn zu einem lohnenden ›Geschäft‹ machen. Das war schon immer so – anzuschauen im Schweizerischen Zollmuseum von Gandria. Da sind ›Gut‹ und ›Böse‹ hübsch vereint: auf der einen Seite das solide Handwerkszeug der braven Zöllner – geeichte Meßlatten und Gewichte, Lupen und ähnliche Werkzeuge und nicht zuletzt auch blanke Waffen –, auf der anderen Seite Hilfsmittel und Beute der Schmuggler.

Gandria selbst, ein ehemaliges Fischerdorf, wirkt wie ein Korallenriff, aus dem Luganer See geboren. Haus scheint auf Haus zu stehen, Treppe folgt auf Treppe. Und wer da übernachtet, schläft mit dem Wellenschwappen ein.

## Der Lago di Lugano

Man muß den Ceresio, wie der Lago di Lugano auf italienisch auch heißt, buchstäblich ›erfahren‹, die Ortschaften vom See aus kennenlernen, dem sie zugewandt sind. Die Schiffahrt hat hier Tradition: Bis weit ins vergangene Jahrhundert hinein wurden die für Mailand bestimmten Waren in Lugano von den Pferdewagen auf Lastkähne umgeladen und nach Capolago gesegelt.

Die ersten Dampfschiffe dienten nicht den Vergnügungsfahrten, sondern dem schnelleren Transport. Das erste auf dem Luganer See war der Raddampfer ›Ceresio‹, der 1856 vor der staunenden Bevölkerung vom Stapel lief.

Die Seebecken stammen von den Gletschern, die bis vor 10 000 Jahren die Alpenländer bedeckten. Sie entsprechen alten Tälern und sind deshalb so seltsam verwinkelt. Auch die Hauptarbeit am Damm von Melide leistete das Eis: Straße und Bahnlinie ruhen auf einer Stirnmoräne.

Doch im ›Swissminiature‹, der Hauptattraktion des Ferienorts Melide, denkt man nicht an solch gewaltige Kräfte und ferne Zeiten. Hier ist Helvetien im Kleinformat nachgebildet, überschaubar, heil, von Hand gemacht. Schweizer Fröhlichkeit dringt aus den Häuschen – Volksmusik vom Band.

△ Hoch über den Fischerhäusern: die Kirche von Vico Morcote vor dem Monte Generoso

△ Carona: San Giorgio . . .

Kunstgewerbe in Carona ▽

Ursprung romanisch: Caronas Bruderschaftskirche Santa Marta ▽

. . . und Naturwolle ▽

△ Hinter Zypressen: die barocke Kirche Sant' Abbondio in Gentilino

Campione d'Italia ▽

## Baumeister Europas

Bissone, Melide und Carona, die drei diesseits und jenseits des Damms gelegenen Orte, haben manches Genie exportiert. Gedenktafeln erinnern heute daran, daß die Heimat nicht Brot für alle bot. Von Kindesbeinen an mit dem Stein und seiner Behandlung vertraut, zogen die jungen Männer an die Fürstenhöfe Europas, wirkten als Bildhauer, Maler und Architekten. Einer der Erfolgreichsten war Carlo Maderno aus Bissone, der es im 16. Jahrhundert bis zum Dombaumeister des Papstes brachte.

In den vergangenen Jahrzehnten wurde im Tessin viel gebaut, eine Menge davon aber wenig einfühlsam. Manche Schätze muß man hinter Betonquadern suchen. Morcote nicht. Wie eine Burg klebt das Städtchen am steilen Hang in unverfälschter Dramatik. Fisch und Wein waren seine Erwerbsquellen, dazu gute Beziehungen zu Luganos Patriziern. Diese Mauern, Zypressen, Feldterrassen – grüßt da nicht schon die Toskana?

## Vogelfang und Grottofreuden

›Collina d'Oro‹, Goldhügel, heißt der Westteil der Halbinsel zwischen Lugano und Agno – von einem ›Schmuckkästchen‹ schwärmten die Schriftsteller um die Jahrhundertwende. Heute ist das Gold weitgehend verbaut; Hermann Hesse hat traurig vermerkt, wie seine Wahlheimat ihre Unschuld verlor. In Gentilino wurde er begraben, bei Sant' Abbondio mit der ehrwürdigen Zypressenallee.

Die Wander- und Grottofreuden beginnen jenseits der Villen, in den Kastanienwäldern der Collina d'Oro. Die merkwürdigen, meist leerstehenden Türme auf den Anhöhen um Agra, westlich von Carona, dienten weder mittelalterlichen Raubrittern noch der Rapunzel aus Grimms Märchen, sondern dem Vogelfang. Früher ein alljährliches Trauerspiel für Tierfreunde: Mit Lockvögeln wurden die Zugschwärme geködert und gingen den Menschen buchstäblich auf den Leim oder ins Netz. Da die Versorgung mit EU-Hühnchen sich inzwischen als zuverlässiger und ergiebiger erwies, sind diese ›Roccoli‹ nun seit Jahrzehnten außer Betrieb. Heutzutage dienen als lauschige Wochenendhäuschen.

Apropos Hühnchen à la Ticinese: am liebsten in Weißwein und mit Salbei!

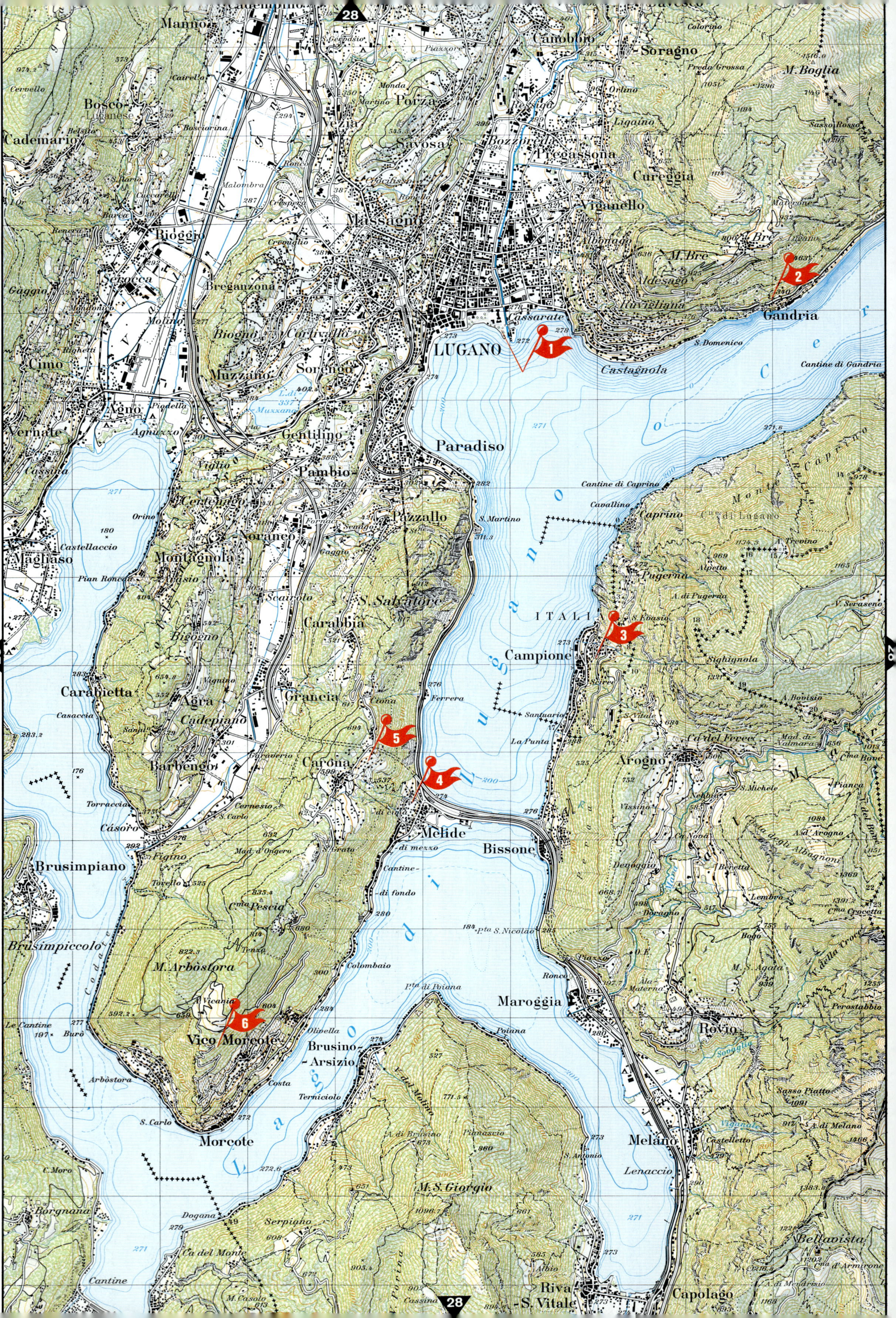
Manno
Canobbio
Soragno
M. Boglia
Bosco
Cademario
Porza
Savosa
Bozzoreda
Pregassona
Cureggia
Viganello
Massagno
Bioggio
Breganzona
M. Brè
Brè
Aldesago
Ruvigliana
Gandria
Biogno
Cortivallo
LUGANO
Cassarate
Castagnola
S. Domenico
Cantine di Gandria
Cimo
Muzzano
Sorengo
Agno
Vernate
Gentilino
Paradiso
Pambio
Cantine di Caprino
Cavallino
Caprino
Monte Caprino
Orino
Castellaccio
Magliaso
Noranco
Pazzallo
S. Martino
Montagnola
Pugerna
S. Salvatore
Carabbia
ITALIA
S. Evasio
Campione
Sighignola
Carabietta
Agra
Cadepiano
Grancia
Ferrera
Santuario
La Punta
Casaccia
Barbengo
Carona
Arogno
Torraccia
Cásoro
Melide
Bissone
Figino
Brusimpiano
Mad. d'Ongero
Pescia
Brusimpiccolo
M. Arbostora
Colombaio
Pta S. Nicolao
Maroggia
Rovio
Vico Morcote
Brusino-Arsizio
Poiana
Le Cantine
Burò
Arbòstora
Costa
Terniciolo
S. Carlo
Morcote
Melano
Castelletto
C. Moro
M. S. Giorgio
Lenaccio
Borgnana
Dogana
Serpiano
Ca del Monte
Bellavista
Cantine
Riva S. Vitale
Capolago
Lago di Lugano
28
1
2
3
4
5
6
Maßstab 1 : 50 000
Kilometer
0
500m
1
2

# Wo gibt es was?

Fähnchennummer = Textnummer  🛈 = Auskunft

## Lugano ①

Wirtschafts- und Tourismusmetropole und mit 30 000 Einwohnern die größte Stadt des Tessins. Mit etruskischem, gallischem, römischem Erbe teilte sie weitgehend die Geschicke der ganzen Region: Langobardenherrschaft (ab 569), die Kirchenfürsten Camos und die Herzöge Mailands (10. bis 15. Jh.), die eidgenössischen Vögte und die napoleonische Besetzung 1798.

Herz der Stadt ist die Piazza Riforma mit Platzcafés, Konfiserien, Andenkenläden. Auf der Seeseite der Palazzo Civico (1840–1844), Rathaus und im letzten Jahrhundert zeitweise Sitz der Kantonsregierung. An diesem traditionellen Mittelpunkt (di und fr Markt) beginnt das Labyrinth der Altstadtgassen, manche wieder kopfsteingepflastert und verkehrsfrei. Kulinarische Genüsse werden vor allem an der Via Pessina feilgeboten. Hier auch eines der besten und ›italienischsten‹ Restaurants der Stadt: ›Bianchi‹.

Juweliere, Uhrengeschäfte, Boutiquen der italienischen Modeschöpfer und einige Antiquariate finden sich an der Via Nassa sowie in den Verbindungsgassen zur Via Vela am See. Dienstags, freitags und samstags Flohmarkt im Quartiere Canova im Zentrum von Lugano. Am Ende der Via Nassa, wo einst ein Stadttor war, die Minoritenkirche Santa Maria degli Angioli (1515) mit einem riesigen Passionsfresko von 1529; kleines Museum der Kirchenschätze (Öffnungszeiten beim Ente turistico).

Im Zentrum öffnet sich die Via Fessina auf die Piazza Cioccaro, geprägt von einem Palazzo des 18. Jh. Eine Seilbahn führt hinauf zum Bahnhof. An der Via Cattedrale Antiquitätengeschäfte sowie Kunsthandwerk. Unmittelbar unterhalb des Bahnhofs, mit Sicht über Stadt und See, die Kathedrale San Lorenzo mit berühmter Renaissancefassade (um 1510). Antiquitätenboutiquen, Bars und das städtische Informationsbüro säumen die eleganten Jahrhundertwende-Arkaden der Quaistraße Albertolli. Sie führt auch zum schönsten Stadtpark, dem ›Parco Civico‹ mit seinen prächtigen alten Bäumen, Promenierwegen und seinem malerischen Seeblick.

Eine andere Erholungsanlage mit Rosengarten, Wildgehege, Spielplatz, Panorama und skurrilem Hügelschlößchen südlich des Bahnhofs: der ›Parco Tassino‹. Wer sich für moderne Bauweise interessiert, findet in Lugano Exemplare der ›Neuen Tessiner Architektur‹.

Lohnender Rundgang: Collina d'Oro südwestlich des Bahnhofs, reizvolles Hügelgebiet und bevorzugte Wohngegend der ›Gutbetuchten‹, die sich hier eigenwillige Häuser bauen ließen (Informationen beim Ente turistico).

Besuchenswerte Museen: Sammlung Thyssen-Bornemisza (Villa Favorita in Castagnola; Meisterwerke europäischer Malerei); Villa Malpensata (in der Riva Caccia 5; Kunstausstellungen; tägl. außer mo); Kantonales Naturhistorisches Museum (Viale Cattaneo 4; di bis sa); Kantonales Kunstmuseum (Via Canova 10; Kunst des 19. und 20. Jh., dienstagnachm. sowie mi bis so ganztägig geöffnet); Museum für Außereuropäische Kulturen (Villa Heleneum in Castagnola; Sammlungen aus Ozeanien, Indonesien, Afrika; tägl. außer mo).

Traditionsreiche Luganer Veranstaltungen sind Karneval mit Risotto-Essen (Februar), Seenachtsfest mit Feuerwerk (Ende Juli) und Winzerfest (Oktober). Veranstaltungskalender beim Ente turistico. Casino (nur bescheidene Einsätze), zahlreiche Nachtklubs und Dancings, vor allem in Paradiso.

Lugano bietet praktisch alle nur denkbaren Sporteinrichtungen. Das Seebad (Lido) ist außerordentlich schön gelegen (geöffnet Mai bis September). Mehrere Kilometer Strandpromenade; an der Riva Caccia Anlage mit Plastiken renommierter zeitgenössischer Bildhauer.

Drahtseilbahnen auf den *Monte Brè* (933 m; ganzjährig) und den *Monte San Salvatore* (912 m; Mitte März bis Mitte November). Seerundfahrten im Sommerhalbjahr.

🛈 Ente turistico Lugano e dintorni, Riva Albertolli 5, CH-6901 Lugano.

## Gandria ②

Malerisch gelegenes ehemaliges Fischerdorf. Zu steil, eng und verwinkelt für Motorverkehr – ein Fußgängerparadies. Fischküche, Bildergalerien, Läden mit Kunsthandwerk sind die Hauptattraktionen. Preiswerte und ruhige Hotels. Sehr schöner Spazierweg den See entlang nach Castagnola.

Auf der anderen Seeseite befindet sich das Schweizerische Zollmuseum (Museo doganale Svizzero): historische Büroeinrichtungen, Uniformen, Waffen, Schmuggelgut sind hier ausgestellt (geöffnet jeden Nachm. von Ostern bis Mitte November). In den ›Cantine di Gandria‹ ruht der Wein der Region.

🛈 siehe Lugano.

## Campione d'Italia ③

Italienische Enklave in der Schweiz mit über 1200jähriger Vergangenheit. Casino, Varietés, Bars und Dancings machen das Städtchen zum Vergnügungszentrum des Tessins. Man benutzt Schweizer Geld; Grenzformalitäten gibt es keine.

Die barockisierte Wallfahrtskirche Madonna dei Ghirli (13./14. Jh.) besitzt außergewöhnliche mittelalterliche Fresken.

## Melide ④

Der Ferienort am Damm über den Luganer See ist ein beliebtes Ziel der Kinder: ›Swissminiature‹ stellt die Schweiz im Maßstab 1:25 dar: Burgen, Schlösser, Kirchen, Dörfer, Berge und Seen, Schiffe und Eisenbahnen (geöffnet täglich von März bis Oktober).

🛈 Ente turistico Ceresio, CH-6815 Melide.

## Carona ⑤

Die typischen Tessiner Häuser des bereits im 10. Jh. genannten Dorfes schmiegen sich in einen Bergsattel zwischen Monte San Salvatore und Monte Arbòstora. Manche waren Stammsitze erfolgreicher Künstler; heute sind hier zum Teil Boutiquen eingerichtet. Pfarrkirche San Giorgio (16. Jh.) mit Plastiken, Reliefs und Fresken der Spätgotik und Frührenaissance.

In einem Wäldchen burgartig die gotische Bruderschaftskirche Santa Marta (Fresken aus dem 15. Jh.). Eine Viertelstunde weiter zu Fuß, mitten im Wald, die Wallfahrtskirche Madonna d'Ongero, ein besonders schönes Beispiel barocker Architektur mit Stationenweg zwischen Buchenstämmen.

Botanischer Garten in San Grato (am Weg nach Vico Morcote). Schwimmbad. Besteigung des Monte San Salvatore in etwa einer Stunde.

🛈 siehe Melide.

## Morcote ⑥

Das ehemalige Fischerdorf an der Südspitze der Arbòstara-Halbinsel gilt als eine der schönsten Ortschaften der Schweiz. Am eindrucksvollsten ist die Ankunft per Schiff. Fischküche in den Quai-Restaurants; Souvenir- und Kunsthandwerkläden verführen unter Arkaden. Für die Pfarrkirche (Ausstattung 15. bis 17. Jh.) blieb kaum Platz; sie erfordert einiges Treppensteigen. Daneben Barock-Rundkapelle und mediterran wirkender Friedhof. Einige hundert Meter höher Ruinen einer hochmittelalterlichen Burg.

Zehn Fußminuten westlich, an der Straße nach Figino, liegt der ›Parco Scherrer‹, ein üppiger Park mit exotischer Architektur und Skulpturen (täglich geöffnet von März bis Oktober). Hotels aller Kategorien.

🛈 siehe Melide.

**Der Monte Generoso bietet einen großartigen Ausblick auf den Luganer See und weit darüber hinaus zu den Tessiner und Walliser Alpen.**

# Gegensätze: Sottoceneri und Malcantone

Nirgendwo im Tessin wird die Nähe zu Italien so deutlich wie in dem schweizerischen Zipfelchen rund um Mendrisio. Wein wächst dort, ›saubere‹ Industrie bringt Geld. Etwas abseits liegt – im nördlichen Hinterland Luganos – der Malcantone. Als hinterwäldlerisch gilt er den einen. Andere freuen sich an der Ursprünglichkeit des Volkslebens, das sich diese alte Bergbauregion erhalten hat.

△ Ältester Sakralbau der Schweiz ist die 1500jährige Taufkapelle an der Pfarrkirche von Riva San Vitale ▽

△ Mendrisio: in altem Stil die Pfarrkirche, . . . . . . barock der Palazzo Pollini ▽

Barocke Figuren durch die Stadt: Karfreitagsprozession in Mendrisio ▽

Mendrisio: die Gründonnerstagsprozession – Zug nach Golgatha beim Licht alter Laternen ▽

Mit den mächtigen Kalkpyramiden der Monti San Salvatore, San Giorgio und Generoso verabschieden sich die Alpen sozusagen vom südwärts Reisenden. Für schweizerische Verhältnisse mögen schon die drei genannten Berge mit ihren Höhen von 912, 1097 und 1701 Meter eher wenig beeindrucken, aber bald nach dem Damm von Melide und auf Mendrisio zu werden die Bergrücken noch niedriger und sanfter, um schließlich nahezu vollständig in der Po-Ebene unterzutauchen. Nirgends im Tessin ist Italien so präsent wie hier: ein bißchen Venetien, ein Hauch von Toskana, in der Architektur so lombardisch wie im Dialekt. Denn Como oder Varrese sind Chiasso und Mendrisio näher als Lugano.

## Drang zur freien Republik

Ganz selbstverständlich ist es nicht, daß dieser Landzipfel südöstlich des Luganer Sees zur Schweiz gehört. 1512 erlag freilich auch das Mendrisiotto dem damals noch kriegerischen Expansionsdrang der Dreizehn Alten Orte, die erst vier Jahre später, nämlich 1516 im Friedensvertrag mit Frankreich, dem Kriege abschworen und ihre vollkommene Neutralität proklamierten.
Als die Französische Revolution Europa durcheinanderzuwirbeln begann, Napoleons Truppen die ganze Schweiz besetzten und die alte Eidgenossenschaft 1798 zusammenbrach, lag ein Anschluß des Mendrisiottos an die oberitalienische Cisalpinische Republik von Napoleons Gnaden eigentlich nahe. Die Verhältnisse in Oberitalien schienen den Tessinern aber zu unstabil, so daß sie es vorzogen, mit den früheren Herren zusammen gleichberechtigte Schweizer zu werden.
Bald erlebten die frischgebackenen Eidgenossen freilich einen neuen Schreck: Unter dem Vorwand, Helvetien habe die Kontinentalsperre gegenüber England durchbrochen, ließ Napoleon das Mendrisiotto wiederum besetzen. Nicht geschicktes diplomatisches Lavieren bewirkte schließlich den Abzug, sondern der Rußlandfeldzug, für den Napoleon jeden Soldaten brauchte.
Die Südschweiz hielt fortan Freiheit und republikanische Gesinnung hoch. Um die Mitte des 19. Jahrhunderts etwa schürten Flugblätter aus Druckpressen in Capolago die lombardischen Aufstände gegen die kaiserlich-österreichische

△ Heute ein Museum: die Villa Vicenzo Velas in Ligornetto

Mendrisio: San Martino auf dem Felde ▽

△ Einfamilienhaus ›Casa Rotonda‹ in Stabio

Grenzort Chiasso: in der Bahnhofsvorhalle seit 1932 ›Svizzera e Italia‹ von Margherita Osswald-Toppi ▽

△ Arzo: Marmor brachte Reichtum, auch für die Kirche

Im Zentrum die barockisierte Kirche: Stabio ▽

Herrschaft über Oberitalien; Vertreter des ›Risorgimento‹, der Widerstandsbewegung für ein unabhängiges und vereinigtes Italien, fanden in Mendrisio und Lugano stets offene Türen sowie mancherlei andere Unterstützung. Und von diesem liberalen Geist künden die pathetischen Figuren des Bildhauers Vincenzo Vela. Er lebte in Ligornetto.

## Reich der Seidenraupen

Bereits im 16. Jahrhundert rumpelte eine Papiermühle in Mendrisio. Rund hundert Jahre später hielt die Textilindustrie Einzug. Wo heute Trauben reifen, standen Maulbeerbäume; auf den Bauernhöfen und in Altstadtpatios wurden Seidenraupen gefüttert. Die Seidenspinnerei wurde Anfang des 20. Jahrhunderts zu teuer, doch noch immer werden Textilien gefertigt. Und Uhrenbestandteile. Und auch die Elektronik-Industrie ist hier vertreten. Man lebt nicht schlecht im Mendrisiotto: ein Haus am Sonnenhang, ein Gemüsegarten, in Pergolen etwas eigener Wein. Die Billigarbeiter in Fabriken und Gastronomie sind allerdings Grenzgänger – Italiener.

## ›Vini ticinesi‹

Ein anderer Ausländer ist zu allgemeinem Wohlgefallen seßhaft geworden: der Merlot. Diese Traube stammt aus dem Bordelais und hat seit dem Zweiten Weltkrieg ältere Sorten im Tessin weitgehend verdrängt. Ein dunkelroter, fruchtiger Wein, gut zu Fleisch und Käse. VITI ist der Ausweis für Qualität – stolz und schlicht für ›Vini Ticinesi‹.

Wer sieht der Gegend noch das Ackerland an? Wer ahnt die Mühsal vieler Generationen? Nicht Riesen haben die Treppen in die Landschaft geschlagen, sondern die Bauern. Von Terrasse zu Terrasse mußten sie die Erde buckeln, damit der Regen sie nicht hinunterschwämme. Knochenarbeit für Weizen und Hirse – für das tägliche Brot. Traktoren und Mähdrescher rattern heutzutage über die weiten Äcker um Stabio; das alte Gerät hat dort im Museum Platz gefunden.

## Das Grab der frühesten Tessiner

Scherzfrage: Wer sind die frühesten Tessiner? Etrusker, die sich in Stein verewigten? Die Eiszeitjäger, von denen einer seine Axt am Monte Generoso verlor? Alles falsch – es sind

△ Aus dem 17. Jahrhundert: Magliasos Santi Biagio e Macario

Miglieglia: gotisches Fresko aus Santo Stefano ▽

△ In Ponte Capriasca: Abendmal nach Leonardo da Vinci

△ Magliaso: erste Adresse für Golfer

△ 1535 wurde das Kloster Santa Maria in Bigorio gegründet

Umgeben von Kastanienwäldern: Cademario ▽

Reptilien mit so charmanten Namen wie Ticinosuchus oder Askeptosaurus. Saurier also, allerdings noch nicht die ganz großen; die Kriechtierklasse war am Anfang des Erdmittelalters erst im Aufstieg begriffen.

Am Monte San Giorgio, Morcote gegenüber, haben diese Tessiner ihre 200 Millionen Jahre alten Visitenkarten hinterlassen; genauer, ihre steingewordenen Gerippe. Ein Glücksfall für die Paläontologen. Im kleinen Fossilienmuseum von Meride, an der Schulter des Monte San Giorgio, steht man nachdenklich vor diesen urzeitlichen Relikten. Science-fiction hat schon stattgefunden! Knochenfische, Reptilien mit kugelgelagerten Köpfen, Schwimmschwänzen und meterlangen Schnorchelhälsen – das Meergetier könnte von fremden Planeten stammen. Dennoch war da genetische Information gespeichert, die schließlich auch zum Menschen führte.

## Im Reich der Hammerschmieden

Der Malcantone liegt ein wenig abseits – ein ›schlechter Kanton‹? Sein Name hört sich (fast) so an. Das Hügelland zwischen Lugano und Lago Maggiore gilt als etwas hinterwälderisch. Bergleute waren immer ein bißchen suspekt. Bleich und schmutzig in der Erde wühlend – standen die nicht mit dem Teufel im Bunde? Hüteten gar geheime Schätze? Das Flüßchen Magliasina gab dem Gebiet den Namen und lieh ihn selbst von den ›Maglí‹, den Hammerschmieden, die es antrieb. Bleiglanz und Zinkblende, wenig Silber und Gold – davon wurde niemand reich. Die kleinen Dörfer sind einfacher als anderswo; Barockputz konnten sie sich schwerlich leisten.

Magliasos Burgruine lieferte Zündstoff in der ›guten alten Zeit‹. Kaiser Heinrich V. hatte zu Como unseligerweise einen Günstling anstelle des rechtmäßigen Bischofs eingesetzt. Von einer handfesten Sympathiewoge der Bevölkerung getragen, eroberte dieser sein Amt zurück, und der verschmähte Landolfo floh nach Magliaso, um die Gegenattacke vorzubereiten. Doch so weit ließ es die ›Volksfront‹ nicht kommen und ermordete 1116 den Exprälaten kurzerhand. Resultat: Zehn Jahre lang herrschte nun Krieg zwischen Como und Mailand. Leidtragende waren nicht zuletzt die unbefestigten Dörfer am Luganer See.

48
68
P.zo delle Pécore 2381
La Márcia 2454
Frasco
C.ma di Gagnone 2518
P.zo Ricura 2279
Iragna
Masnan 2505
Torrone Alto 2950
P.zo di Campedell 2724
Cauco
Piz de Groven 2694
Selma
Cortesello
Vald
Aghei
Gerra
Alnasca
Bolastro
C.ma di Bri 2520
P.ne Rosso 2505
Lodrino
Osogna (274)
Landarenca
Arvigo
Braggio
P.ne Piancáscia 2360
Brione
Someo
Giumaglio
Gana
Chiosetto
Motta
Prosito
Cresciano
P.zo di Claro
2727
Búseno
Castel
Norántola
Cama
Verdabbio
S.ta Maria
Cóglio
Madone di Giove 2265
Lavertezzo
P.ne dei Laghetti 2445
P.ne di Piota 2439
Móleno
Preonzo
M.ti di S. Carlo
Lódano
Mággia
Claro
Castaneda
Grono
Léggia
Moghegno
P.zo di Vogorno 2442
C.ma dell' Uomo 2390
Roveredo
Lumino
S. Vittore
Roveredo (294)
Aurigeno
Terra di fuori
Gordévio
Madone 2039
Corippo
S. Bartolomeo
Lago di Vogorno
Vogorno
Gnosca
Castione
Bellinzona Nord
M. Laura
Berzona
Loco
Auressio
Dunzio
Avegno
Cimetta 1672
Mergoscia
C.ma di Sassello 1890
1686
Carasso
Arbedo
1376
Monte Brè
Monte di Motti
Monte di Ditto
BELLINZONA (227)
Cavigliano
Tegna
Madonna del Sasso
Contra
Górdola
Monte Carasso
Sementina
1726
A. di Cadinello
Corno di Gesero 2227
Intragna
Vérscio
Castello Visconteo
Gaggiole
Cugnasco
Gudo
Giubiasco
1694
Paudo
Melera
Losone
Minusio
Ténero
Gerra
S. António
Carena
Marmontana
Corcapolo
Arcegno
Muralto
LOCARNO (197)
Ticino
24
Bellinzona-Sud
S. Antonio
Pianezzo
Carmena
P.so S. Jorio (2014)
2316
Rasa
Magadino
Contone
Camorino
Val Moròbbia
Vigana
P.zo Leone 1659
Ronco s.A.
ASCONA
-107
Vira
Quartino
Cadenazzo
Monte Céneri 554
C.ma di Medéglia 1260
Matro 1198
Camoghé 2228
Motto della Trappa 2078
Isole di Brissago
S. Nazzaro
Fosano
Piazzogna
Rivera
Isone (743)
Brissago
Gerra
Birónico
N2
Garzirola 2116
P.zo di Gino 2245
Piodina
S. Abbóndio
M. Gambarogno 1734
Rivera
Capidogno
Medéglia
Dirinella
Caviano
Covreto
M. Támaro 1962
Vira
Camignolo
M. Bar 1816
Cozzo
Zenna
Pino
L. Magg.
Indémini
Mezzovico
M. Bigório 1188
Albumo
Scareglia
Cavargna (1071)
S. Nazzaro V. Cav.
1594
M. Gradiccioli 1936
Lélgio
Piandera
Bogno
S. Lúcio
Bartolomeo V. Cav.
S. Bartolomeo
Tronzano L. Magg.
Biegno
Lozzo (892)
Sigirino
58
Roveredo
Bidogno
Certara
Val Rezzo
Cusino
(Verbano)
Sant' Agata
Musignano
Ármio
Monteviasco
M. Magino 1636
Torricella
Taverne
Tesserete
Sonvico
Cimadera
Cime di Fiorina
Traffiume
Cannóbio
Cadero
Graglio
Ponte Cap.
Vágliо
1810
Lampagnano
Garabiolo
Mugena
Bedano
Oríglio
Villa
Carlazzo
Gottro
Trárego Viggiona
Maccagno
Gradisea 1057
M. Lema 1620
Vézio
Arosio
Fescoggia
Gravesano
Comano
Cadro
Davesco
Dásio
Porlezza
Carlazzo
Chéglio
Agra
Due Cossani
Breno
Lugano Nord
Manno
Surèglia
Valsolda
Púria
Castello
S. Pietro
Cannero Riviera
Colmegna
Runo
Migliéglia
Cademário
Bosco
Porza
Canóbbio
Pregassona
Albogásio
S. Mamete
Cima
Dumenza
Banco
Aranno
Viganello
Oria
-288
Lago Maggiore
Poppino
Astano
Bedigliora
Novággio
Bióggio
Massagno
Sorengo
M. Brè 925
Brè
S.ta Margherita
Ostena
M. Calbiga 1698
LUINO
Sessa
Iseo
Curio
Castagnola
Gándria
Lago di Lugano
Verna
Claino
Germignaga
(207)
Creva
Monteggio
Agno
Lugano Sud
Paradiso
LUGANO
Scaria
Rampónio
Ponna
C.ma della Duária 1447
Voldómino
Cremenaga
Pura
Magliaso
6271
Caprino
Lanzo d'Int.
Pèllio Int.
Laino
Mezzegra
Bédero
Montegrino Valtr.
Ponte Tresa
Caslano
S. Salvatore 912
Campione d'Italia
Intelvi
S. Fedele Int.
Sala Comacina
Porto Valtr.
Brezzo
Viconago
Montagnola
Carabbia
Arogno
Blessagno
Pigra
Muceno
Bosco
Roggiano
Marchirolo
Lavena
Carona
Bissone
M. d'Orimento 1391
Castiglione d'Int.
Dizzasco
Colonno
Nasca
Musadino
Sarigo
Brissago
Mesenzana
Grántola
Cugliate
Brusimpiano
Figino
Melide
Veglio
Argegno
Caldé
Castelveccana
Cassano
Cunardo
Ferrera di Val.
Márzio
Vico Morcote
Maróggia
Val Mara
M. Generoso
Rovio
Erbonne
Casasco d'Int.
Ovrascio
M. Nudo 1235
1203
Ghirla
Morcote 271
Brusino Arsizio
Melano
Scudellate
Schignano
Occagno
199
Vararo
Arcuméggia
Cuvio
Ráncio Val.
Bédero Valc.
Cuasso al M.
M. S. Giorgio 1097
Bellavista
Sasso Gordona
Brienno
Nesso
Cascate
Casalzuigno
Vergóbbio
Deserto
Valganna
Riva S. Vitale
Capolago
Múggio 1410
Cittíglio
Brenta
Cuvéglio
Cúvio
Cavagnano
Cuasso al Piano
Porto Cer.
Arzo
Meride
Casima
Cábbio
Azzio
Castello Cabiáglio
Brinzio 1032
32
M. Mártica
N2
10
MENDRISIO
Bruzella
Láglio
Careno
Pognana
Gemónio
Orino
Besano
Bisúschio
Sáltrio
Clivio
Mendrisio
Caneggio
M. Bisbino 1325
Carate Urio
Caldana
Campo dei Fiori 1227
Arcisate
Viggiù
Rancate
Castel S. Pietro
Morbio Sup.
Moltrasio
Palanzo
Riva
S. Andrea
Cócquio-Trevisago
M. Tre Croci
S.ta Maria del Monte
Brenno Uséria
Barágia
Ligornetto
Coldrério
Balerna
Sagno
Morbio Inf.
Cernóbbio
Faggeto Lemna
Besozzo
Gavirate
Velate
Induno Olona
Genestrerio
Stabio
Novazzano
Chiasso
Maslianico
Torno
Molina
Olginasio
Comerio
Luvinate
Gaggiolo
CHIASSO
Blévio
Bardello
Brégano
L. di Varese
Barasso
S. Ambrógio
Masnago
VARESE
Bizzarone
Uggiate
Como Chiasso
M. Olimpino
Duomo
M. Boletto 1236
Brunate
Biandronno
Oltrona al Lago
Calcinate del Pesce
Cantello
Olona
Cagno
Casanova Lanza
Drezzo
Cavallasca
COMO
Lago di Como
-410
583
340
344
233
394
Maßstab 1 : 200 000
Kilometer

# Wo gibt es was?

Fähnchennummer = Textnummer    🛈 = Auskunft

## Mezzovico ①

Uraltes Weindorf im Vedeggiotal, einst an der Römerstraße. Zwei interessante Kirchen. Sant' Abbondio, die Pfarrkirche (1423), sitzt auf einem Hügel; gute Barockausstattung, spätgotische Freskenreste. San Mamete, unmittelbar an der Straße und von mächtigen Bäumen umgeben, stammt zum Teil aus dem 11. Jh.; Wandbilder aus Gotik und Renaissance. Bergwanderweg auf den *Monte Támaro* (1960 m). Im Winter Skipisten. Hotels und Zeltplatz.
🛈 siehe Ponte Capriasca.

## Ponte Capriasca ②

Dorf im hügeligen Hinterland Luganos. In der Kirche Sant' Ambrogio (16. Jh.) Kopie des weltberühmten Mailänder Abendmahls von Leonardo da Vinci, hier aus der Hand eines Freundes und Schülers. Abstecher an den *Origliosee* (Frei- und Hallenbad, Reitställe, Tennisplätze). Wandermöglichkeiten auf nicht allzu steilen Wegen.
🛈 Ente turistico Valli di Lugano, CH-6950 Tesserete.

## Sonvico ③

Bereits zu römischer Zeit bewohnt, genoß der Ort im oberen Cassaratetal jahrhundertelang, auch unter eidgenössischer Herrschaft, eine beachtliche Unabhängigkeit und Selbstverwaltung. Gotische Pfarrkirche aus dem 15. Jh.; über dem Dorf romanische Kapelle San Martino (11./12. Jh.) mit offenem Dachstuhl und gotischen Freskenresten. Bedeutende romanische Wandmalereien in der Kirche von *Dino* (1146 erwähnt). *Villa*, auf der anderen Talseite, ist Ausgangspunkt für Klettertouren in den ›Denti della Vecchia‹ (Zähne der Alten) – schroffe Kalksteinspitzen.
🛈 siehe Ponte Capriasca.

## Migliéglia ④

Schön gelegenes Dorf im oberen Malcantone. Ausgangspunkt für den Sessellift auf den *Monte Lema* (1620 m). Im Winter Skipisten, zwei Lifts. Barocke Pfarrkirche. Erhöht die gotische ›San Stefano al colle‹ mit reichen Wandgemälden (1511). Römische Hammerschmiede.
🛈 siehe Caslano.

## Cademário ⑤

Kurort im Malcantone (800 m), umgeben von weiten Kastanienwäldern. Ausblick über das ganze Luganer-See-Gebiet. Die ehemalige Pfarrkirche Sant' Ambrogio, noch im 13. Jh. erweitert, besitzt außer interessanter Architektur romanische und gotische Wandmalereien. Kurhaus mit Fitnessraum, Sauna.
🛈 siehe Caslano.

## Sessa ⑥

Sonniges Terrassendorf im Malcantone. Einst Gerichtsort und Residenz der Landvögte mit mehreren historischen Baudenkmälern: Gerichtshaus (16.Jh.), Pfrundhaus sowie zwei Patrizierhäuser mit romanischen Kapitellen, die wahrscheinlich von der dokumentierten, jedoch verschwundenen Burg stammen. Pfarrkirche und Sant' Orsola (im Dorfzentrum) vom Anfang des 17. Jh.
Alte Erzgruben bei *Costa*.
🛈 siehe Caslano.

## Caslano ⑦

Ferien- und Badeort. Idealer Ausgangspunkt für Wanderungen im Malcantone. Gepflegter Ortskern mit attraktiven Läden. Barocke Pfarrkirche, gotische Kapelle in der ›Campagna‹.
Prachtvoller 18-Loch-Golfplatz auf dem Magliasinadelta. Schwimmbad. Reizvoller Spazierweg am See um den *Monte Caslano*. Mehrere Hotels, Zeltplatz.
🛈 Ente turistico Malcantone, CH-6987 Caslano.

## Monte Generoso ⑧

Grenzberg zu Italien und wohl großartigster Aussichtspunkt der Südschweiz. Aus 1700 Meter Höhe Fernsicht bis zum Montblanc-Massiv, nach Mailand und selbstverständlich auf die Tessiner Gipfel und Seen. Zahnradbahn von *Capolago*; Aufstieg zu Fuß am angenehmsten vom Muggiotal aus. Einfaches Berghotel sowie Jugendherberge (Voranmeldung erforderlich!).
🛈 siehe Mendrisio.

## Riva San Vitale ⑨

Dorf am Südostzipfel des Luganer Sees. Schon zur Bronzezeit besiedelt. Ernannte sich in den Wirren der napoleonischen Besetzung 1798 kurzerhand (für letztendlich 16 Tage) zur autonomen Republik.
In ›Schönbrunnergelb‹ die einstige Privatkirche des päpstlichen ›Secretarius‹ Della Croce – ein eigenwilliger Renaissancebau, entstanden um 1580. Barocke Pfarrkirche (1759), daneben der älteste Sakralbau der Schweiz, das um 500 errichtete Baptisterium. Im ursprünglichen achteckigen Eintauchbekken ruht ein mächtiger karolingischer Taufstein; dazu romanische Wandmalereien. Wandertouren zum Kurhaus Serpiano und auf den *Monte San Giorgio*, der voller Saurierfossilien aus der Triaszeit steckt. Einige Exemplare sind im Nachbardorf *Meride* zu besichtigen. Das dortige ›Museo dei Fossili‹ im Gemeindehaus ist täglich geöffnet. Ein Naturlehrpfad von Meride aus macht mit intakter Südtessiner Flora und Fauna bekannt.
🛈 siehe Mendrisio.

## Mendrisio ⑩

Der Hauptort des Südtessins verrät in seinem Kern lombardischen Charakter: schlichte, erdfarbene, unregelmäßige Häuserzeilen mit alten Torbogen, hinter denen geräumige Höfe und verwinkelte Stiegen warten.
Drei Zeitalter an der Piazza del Ponte: unter der klassizistischen, überkuppelten Pfarrkirche (19. Jh.) ein mittelalterlicher Turm mit eingelassenem römischen Inschriftenstein (2. Jh.).
Auf einem nahen Stadthügel die Burgkirche San Sisinio (barockisiert); am Nordrand der Altstadt das einstige Kloster San Giovanni mit Barockausstattung (Kirche um 1730), Renaissancekreuzgang, ursprünglich romanischen Gebetshäuschen sowie einem kleinen Kunstmuseum (deutsche, flämische, italienische Werke; Öffnungszeiten beim Ente turistico).
Beeindruckende Gründonnerstags- und Karfreitagsprozessionen (am Donnerstag Darstellung des Zugs nach Golgatha). Martinimarkt auf dem Felde – bei der ehrwürdigen Kirche San Martino (ab 10. Jh.). Winzerfest im September. In der ›Cantina sociale Mendrisio‹ lagert der Merlot-Wein aus der Umgebung.
Ausflüge ins unverfälschte Muggiotal; nach *Rancate* zur Kantonalen Gemäldesammlung Züst (Tessiner Malerei vom 17. Jh. an; tägl. geöffnet außer mo von März bis Nov.); nach *Ligornetto* ins ›Museo Vela‹ (Plastiken des 19. Jh. von Vincenzo und Lorenzo Vela, Bilder von Spartaco Vela in deren Villa sowie lombardische Malerei; täglich geöffnet außer mo März bis Mitte Nov.); nach *Stabio* ins Thermalbad oder in das ›Museo della civiltà contadina‹ (Museum bäuerlicher Kultur; geöffnet di, do, sa sowie sonntagnachm.).
🛈 Ente turistico Mendrisiotto e Basso Ceresio, CH-6850 Mendrisio.

## Chiasso ⑪

Wichtigster Schweizer Grenzübergang nach Italien; Tabak-, Textil und Metallindustrie. Auf engstem Raum findet man hier Dutzende von Banken, die kitschigsten Uhren und Unmengen von Schokolade.
🛈 siehe Mendrisio.

Das Castello di Montebello wurde im Mittelalter als zweite der drei berühmten Burgen Bellinzonas errichtet.

# Bellinzona und die Tessiner Riviera

Ihre strategisch wichtige Lage bescherte der Stadt aufregende Zeiten: Bellinzona, heute Hauptort des Tessins, war einst heiß umkämpft. Denn wer im Tessin die Macht wollte, mußte von hier aus die Alpenpässe kontrollieren. Und Bellinzona fing an zu mauern, baute Schutzwälle und Burgen gegen die Eroberungswut. Was zustande gebracht wurde, zählt zu den imposantesten Festungsanlagen der Schweiz. Bei Biasca, nördlich von Bellinzona, öffnet sich die Tessiner Riviera, eine von mächtigen Bergen umschlossene, fruchtbare Ebene.

△ Bellinzona: Stadtzentrum Piazza Nosetta mit dem Palazzo Civico

△ Castello Montebello und Castello di Sasso Corbaro über der Kirche San Rocco ▽

Bedrohliche Zinnen und Mauern überall ▽

△ Aus Bellinzonas Gründerzeit: Jugendstilvilla an der Via Lugano

△ Barockisierte Renaissance in der Kollegiatskirche

Das Kreuzigungsfresko in Santa Maria delle Grazie ▽

Nur wenige Städte gebieten so deutlich Halt. Trotz der Autobahnschneise, die dem Lauf des Ticino folgt, stellt sich Bellinzona dem Reisenden in die Quere. Die Bahn scheint hinter dem Bahnhof direkt in ein Festungsverlies hineinzudonnern; es erweist sich gottlob als Tunnel. Bummelt man schaufensterguckend die Bahnhofstraße hinunter, türmen sich hinter den Jugendstilfassaden wieder Wälle empor. Fels hinter dem Rathaus, Fels vor dem Hotelfenster, Kastelle überall.

Bellinzona war jahrhundertelang der Schlüssel zur Beherrschung des Tessins. Unmittelbar hinter der Talenge von Arbedo, im Norden von Bellinzona, mußte jeder Handels- und Militärkonvoi an den aufmerksamen Stadtwächtern vorbeiziehen – gleichgültig, ob er zuvor die Alpen über den Lukmanier, den San Bernardino oder den Sankt Gotthard überquert hatte.

## Wechselhafte Geschichte

Ihre aufregendste Zeit erlebte die Stadt zwischen 1400 und 1500. Lange im Besitz Comos, fiel sie im Jahr 1396 an die mailändischen Visconti-Herzöge. Bald darauf (1402) rissen sich die Grafen von Sax-Misox die Stadt unter den Nagel, um sie fünf Jahre später an die Urner zu verlieren. 1422 kehrten die Mailänder als Burgherren zurück, und 1499 marschierten französische Truppen ein, weil Ludwig XII. Erbansprüche in der Lombardei durchzusetzen versuchte. Schon wenige Monate später, im runden Jahr 1500, stellten sich die Bellinzonesen schließlich unter den Schutz der Eidgenossen.

Das ›Castello Grande‹ hieß nun ›Uri‹, aus dem ›Castello Montebello‹ wurde ›Schwyz‹ und aus dem ›Castello di Sasso Corbaro‹ das ›Unterwalden‹. Womit die Machtverhältnisse klargestellt waren.

Das brachte für dreihundert Jahre Ruhe. Erst die Frage, wer in dem jungen Kanton Hauptort spielen sollte, heizte die Emotionen wieder an. In der napoleonischen Idealschweiz, der Helvetik, gebührte Bellinzona diese Ehre, doch damit mochten sich Locarno und vor allem Lugano nicht abfinden. Von 1814 bis 1878 wechselten die Regierungsräte und Abgeordneten alle sechs Jahre ihr Domizil und zogen von einer Stadt zur anderen – eine ebenso salomonische wie unpraktische Lösung.

△ Auf das 12. oder 13. Jahrhundert geht die freskengeschmückte, romanisch-frühgotische Basilika San Biagio in Ravecchia zurück ▽

△ Aus Sumpfland wurde Ackerland: Magadinoebene

△ Landwirtschaft rund um Bellinzona: Wein an den Hängen wie bei Gudo, in der Magadinoebene Frühgemüse unter Folien▽

Vor den Toren Bellinzonas: Selbst am Kirchhügel von Artore gedeiht Wein ▽

## Fußball im Offside

Seit nunmehr gut einem Jahrhundert ist Bellinzona alleinige Kapitale. Da gediehen die Gründerzeitvillen. Alte Rivalitäten kommen heutzutage am deutlichsten im Fußball zum Ausdruck. Tessiner Klubs bilden die halbe Nationalliga B. Kantonale Derbys wie Bellinzona gegen Lugano oder Chiasso gegen Locarno wecken in schöner Regelmäßigkeit Gefühle von Jubel oder Neid. Steigt aber eine Mannschaft in die oberste Spielklasse auf, in die Schweizerische Nationalliga A, dann steht sofort das ganze Tessin einmütig hinter ihr. Die Freude ist meistens allerdings nur von kurzer Dauer, der rasche Wiederabstieg vorgezeichnet; mit Kleinstadtbudgets ist auf dem Transfermarkt nicht viel zu holen – auch in der kleinen Schweiz gelten inzwischen die (Geld-)Spielregeln des internationalen Fußballgeschäfts.

Das Leben in Bellinzona läuft im Bürostundenrhythmus. Gewiß, die Altstadt hat lombardischen Charme, aber nüchterner als in Lugano oder Locarno geht es hier allemal zu. Das verspielteste im Umfeld der Administration ist der Seehund im Brunnen vor dem Regierungspalast. Doch selbst er ist aus Granit.

## Gezähmter Ticino

Am Tessinfluß herrscht Grün vor: die Bäume der Alleen und Uferpromenaden, die Sträucher der Gärten, die Rasen der Parks und Sportanlagen. Und in der Magadino-Ebene setzen die Bauern Frühkartoffeln in die schwarze Erde oder ernten Tomaten aus den Treibhäusern.

Ein friedliches Bild. Doch bis ins vergangene Jahrhundert verbreitete der Fluß Not und Schrecken. Hochwasser überfluteten häufig die Felder, rissen mit ungestümer Gewalt Vieh, Häuser, Brücken weg, und aus den langsam trocknenden Sümpfen stiegen Mückenschwärme auf. Erst ab 1885 dämmte man den Ticino ein, und die Ebene wurde entwässert.

Überbleibsel der einstigen Wildnis sind die ›Bolle di Magadino‹. Das Tessin-Delta ist ein aquatischer, verwirrend vielfältiger Lebensraum von schwimmenden, wuchernden, im Treibsand wurzelnden Pflanzen und zahlreichen Vogelarten. Nichts für Jäger und Sammler freilich – Flora und Fauna stehen unter Naturschutz. Nur zum bloßen Schauen.

△ Biasca: im Ort die neuromanische Kirche San Carlo, darüber San Pietro, bedeutender romanischer Bau ▽

△ Im Inneren von San Pietro . . . . . . prachtvolle Wandmalereien ▽

△ Über Biasca die Kapelle Santa Petronilla mit dem doppelten Wasserfall

›Carnevale‹ in Biasca ▽

## Gezähmte Eidgenossen

Arbedo ist heute praktisch ein Vorort Bellinzonas, und seine ›Chiesa rossa‹ steht in der Nähe des hauptörtlichen Bahnhofs. Diese kleine Kirche erinnert an eine der schwersten Niederlagen der kriegs- und sieggewohnten Eidgenossen: Im Jahr 1422 wurde ihr wilder Haufen durch ein mailändisches Visconti-Heer beinahe völlig aufgerieben. Die Gefallenen wurden hier in Arbedo begraben, und die wenigen Überlebenden zogen kleinlaut über den Gotthard zurück.
In Luzern war es bei Strafe verboten, die Heimkehrer offiziell zu begrüßen. Es sollten einige Jahrzehnte vergehen, bis sich die Innerschweizer wieder nach Süden wagten – was sie allerdings nicht daran hinderte, derweil im Norden umso eifriger Krieg zu führen.

## Steinige Riviera

Mit dem, was man an italienischen Ferienstränden als ›Riviera‹ kennenlernt, hat die Tessiner Riviera außer dem Namen kaum etwas gemeinsam. Nichts Spektakuläres, nichts Mondänes. Was stiebt und lärmt, ist der Granit, der hier gebrochen wird. Das steinige Gewerbe blickt auf eine lange Tradition zurück. Und schon im vergangenen Jahrhundert kämpften die ›Scalpinelli‹ gegen Unfälle und Staublunge, bildeten dafür eine der ersten schweizerischen Gewerkschaften.
Biasca ist seit alters der Drehpunkt von Tessin- und Bleniotal. Und wie man vor 800 Jahren mit dem Stein umging, das zeigt die ehrwürdige Kirche San Pietro: Fugenlos ruht hier Quader auf Quader, besonders schön an der Apsis. Der Bau scheint aus dem Berg herauszuwachsen, aus dieser rötlichen, tausend Meter aufragenden Granitpyramide. Im Innern birgt die Kirche eine Art ›Multivision‹: Wandmalereien aus fünf Jahrhunderten. Drachenkämpfe, Tiere und Bibelszenen, Porträts und Biographien von Heiligen. San Pietro bietet für jeden Geschmack etwas. Der Mensch lebt bekanntlich nicht vom Brot allein.

## Der Bergsturz von Biasca

Im September des Jahres 1512 lösten sich gewaltige Felsmassen vom Pizzo Magno, verschütteten die Ortschaften Biasca und Lodrino, stauten den Brenno zum See. Nur ein Gebäude soll die Katastrophe unversehrt überstanden haben: San Pietro.

48

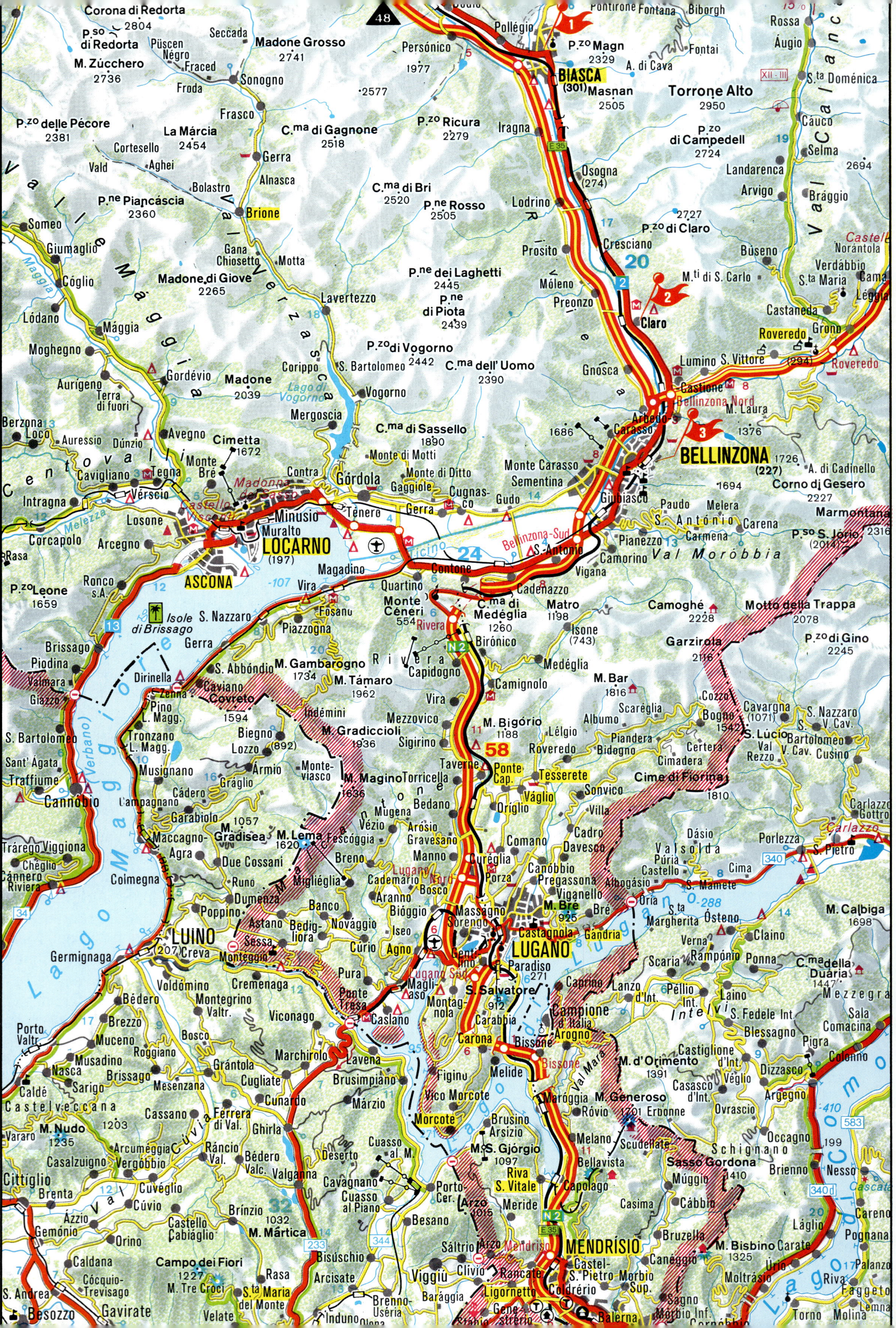


68

Kilometer

Maßstab 1 : 200 000

# Wo gibt es was?

Fähnchennummer = Textnummer  ❶ = Auskunft

## Biasca ①

Der ehemalige Hauptort der ›ambrosianischen Täler‹ – des Tessiner Teils, der früher kirchlich dem Mailänder Domkapitel und nicht dem Bistum Como unterstellt war – erscheint merkwürdig zwiespältig: modern und rustikal-verschlafen zugleich. Den großen Boom hat er jedenfalls trotz seiner günstigen Lage am Schnittpunkt der beiden wichtigen Alpenübergänge Gotthard und Lukmanier verpaßt.
Die Pfarrkirche San Carlo, ein neuromanischer Zentralbau, ist etwas zu großspurig geraten, enthält jedoch bemerkenswerten älteren Schmuck.
Als eines der bedeutendsten romanischen Baudenkmäler der Schweiz gilt die über dem Dorf ruhende Propsteikirche San Pietro. Um 1100 erbaut, birgt sie neben ihrer imposanten Treppenarchitektur vielfältige Wandmalereien von der Gründungszeit bis ins 17. Jh., darunter magisch wirkende Grisaillemotive (13. Jh.) und einen Zyklus zum Leben des heiligen, die Folterung von Protestanten jedoch befürwortenden Karl Borromäus, Erzbischof von Mailand (um 1620). Hinter der Kirche ein verfallender Stationenweg zur Kapelle Santa Petronilla (17. Jh.). Von diesem Aussichtspunkt stürzt ein Wasserfall zu den Bahngleisen hinunter.
Bergwanderungen hinüber ins Pontironetal; leichter über das Bergsturzgebiet ›Buzza di Biasca‹ den Brenno entlang nach Semione.
Im Febr. herrscht ambrosianischer Karneval; Ende Juni Kirchweih zu Ehren des Ortspatrons Petrus.
❶ Ente turistico di Biasca e Riviera, CH-6710 Biasca.

## Claro ②

Dorf der ›Riviera‹, verstreut um einen sonnigen Rebberg gelegen. Mittelalterliche, im 17. Jh. barock umgestaltete Kirche Santi Rocco e Sebastiano.
Hoch über dem Dorf, im Seitental Moleno, das 1490 gegründete Benediktinerinnenkloster Santa Maria Assunta; in der 1684 umgebauten Kirche spätgotische Wandmalereien und Pietà. Schöne Waldwanderungen hinauf zu Kloster und Bergweilern.
❶ siehe Biasca.

## Bellinzona ③

Kantonshauptort mit knapp 17 000 Einwohnern, von den drei Zentren des Tessins zweifellos das am wenigsten touristische.
Unübersehbar sind die mittelalterlichen Befestigungswerke. Die Altstadt ist klein und leicht zu Fuß zu besichtigen. Parkplätze an der Via il Moro, unterhalb des Bahnhofs; an der Piazza del Sole; an der Viale St. Franscini (hinter dem Regierungsgebäude); im Parkhaus bei der Piazza Indipendenza.
Älteste und dominierende Burg ist das Castello Grande, wahrscheinlich schon eine Langobardenfestung im 6. Jh. Die strategische Lage am Talausgang war so günstig, daß später die Mailänder Herzöge Visconti und Sforza den Granitberg ausbauen, mit der Stadtmauer verbinden und bis zum Tessinfluß verlängern ließen.
Bis ins 13. Jh. hatte Bellinzona den Bischöfen des nahen Como gehört; im 15. Jh. wurde die Stadt in die Kriege zwischen Mailand und den Eidgenossen hineingezogen. Ein Wettrüsten war die Folge. Das Resultat ist vom Castello Grande aus augenfällig: hinter der eingeklemmten Altstadt weitere Felsen und Festen. ›Castello Piccolo‹ nannte man neckisch die schiffartige Burg am Osthang (später ›Castello di Montebello‹). Und als die Lage 1479 nach der Schlappe von Giornico bedrohlich für die Mailänder schien, wurde 200 Meter höher in einem halben Jahr der Adlerhorst ›Castello di Sasso Corbaro‹ errichtet. Doch wenige Jahre später war er in Schweizer Hand.
Castello Grande bietet einen weiten Blick ins Tessintal (Panoramaterrasse), auf Altstadtdächer, Stiftskirche und üppige Kleingärten. Die Burg wurde nach Entwürfen des Architekten Aurelio Galfetti restauriert und 1991 fertiggestellt. Der gebürtige Tessiner, einer der Vertreter der vielbeachteten neuen ›Tessiner Architektur‹, schuf eine spannende Synthese aus Mittelalter und Moderne. Im Südflügel sind das Historische und das Kunsthistorische Museum (tägl. außer mo geöffnet) untergebracht, im Westflügel Repräsentationsräume und ein Restaurant.
Das Castello di Montebello ist über einen romantischen Pfad, die Via della Motta, von der Piazza Collegiata aus in wenigen Minuten zu Fuß erreichbar. Beeindruckend die architektonische Geschlossenheit, der Formenreichtum, die Aussicht. Im Hauptturm (13. Jh.) ist seit 1974 das ›Museo Civico‹ untergebracht, die archäologische Sammlung des Tessins: Zeugnisse aus der Eisen- und Bronzezeit (Waffen, Werkzeug, Keramik, Schmuck, ein etruskischer Inschriftenstein); in der historischen Abteilung sind besonders die spätgotischen Wirtshausbilder der ›Antica locanda della Cervia‹ sehenswert (tägl. außer mo geöffnet).
Eine Zickzackstraße sowie Fußwege führen zum Castello di Sasso Corbaro. Dort ein hübsches Kostümmuseum, von dem aus sich überdies eine großartige Aussicht über Tal und Blätterdach des umliegenden Kastanienwaldes bietet. Neben den Volkstrachten aus Tessiner Tälern historische Druckgraphiken Bellinzonas (tägl. außer mo geöffnet, April bis Ende Okt.).
Die ursprüngliche Pfarrkirche stand im Mauerring des Castello Grande. Nachfolgebau aus der Renaissance ist die Kollegiatskirche Santi Pietro, Paolo e Stefano (16. und 18. Jh.; renoviert, mit barockem Innenraum). Weitere besuchenswerte Kirchen sind Santa Maria delle Grazie (1495), Teil eines Minoritenklosters (wandfüllendes Kreuzigungsfresko aus dem 15. Jh.), und die gotische Bettelordenbasilika San Biagio (12./13. und 15. Jh.) im südlichen Stadtteil *Ravecchia*, ein strenger Backsteinbau.
Im Schatten des Burghügels das ›Teatro di Bellinzona‹ (im Umbau) sowie der Sitz der Tessiner Regierung, um 1740 als Teil eines Klosters erbaut. Im Palazzo Civico, dem Rathaus von 1924, häufig Wechselausstellungen. Städtische Kunstgalerie in der Villa dei Cedri (tägl. außer mo geöffnet).
Die Altstadtgassen besitzen lombardischen Charme und verlocken zum Einkaufen. Die Kaufhäuser säumen vor allem die Viale Stazione, die Bahnhofstraße. Intimer sind die Spezialgeschäfte in der Via Camminata, an den Piazze Collegiata und Nosetto, wo am Samstagvormittag zudem Wochenmarkt stattfindet.
Tessiner Spezialitäten sind Wurstwaren, Käse, Wein (Merlot, Nostrano), Grappa (ein Traubenbrand); in Konfiserien gibt es etwa die ›Torta di Pane‹, ein Brotkuchen, oder ›Amaretti‹, kleine Bittermandelkekse.
Von Tennisplätzen über Reitschulen zum Schwimmbad gibt es alle üblichen Sportgelegenheiten. Fallschirmspringen auf dem nahen Flugplatz von *Magadino*. Eine Besonderheit ist der Klettergarten im nördlichen Vorort *Molinazzo:* eine 180 m hohe Felswand mit 30 Übungspartien verschiedener Schwierigkeitsgrade. Eigener Zeltplatz. Weitere Ausflugs- und Wanderziele: Monti di Ravecchia für Bergwanderungen; Monti di Carasso per Luftseilbahn von *Carasso* aus; Spaziergänge den Ticino entlang; ›Bolle di Magadino‹ – die Sumpflandschaft des Tessindeltas – ein spektakuläres Biotop.
Hotels mit Lokalkolorit sind das ›Internationale‹ (gegenüber dem Bahnhof) und das ›Croce Federale‹ an der Viale Stazione. Empfehlenswerte Restaurants das ›Teatro‹ an der Piazza Governo und das ›Grottino Ticinese‹, Via Lavizzari 1.
❶ Ente turistico Bellinzona e dintorni, Via Camminata, CH-6500 Bellinzona.

Der Santa-Barbara-Brenno unterhalb vom Lukmanierpaß, dem seit alters her bedeutenden Verkehrsweg zwischen dem Tessin und Graubünden.

# *Uralte Verkehrsader: das Tal des Brenno*

Das Bleniotal ist heller, weiter und freundlicher als die anderen großen Tessiner Täler, der Fluß Brenno zahmer als seine Verwandten. Ihm folgten die Potentaten des Mittelalters, vom Lukmanierpaß herabkommend und vorbei an der Stauferfeste Serravalle, um in Italien das Heilige Römische Reich Deutscher Nation zu festigen. Während ihre Vorfahren sich gegen die Willkür der Feudalherren verbündeten, fordern die hiesigen Bauern heute lauthals höhere Subventionen.

△ Olivone: Die ›Cà da Rivöi‹ . . . . . . beherbergt volkskundliche Sammlungen ▽

△ Leontica und das Bleniotal San Carlo über Prugiasco ▽

Als die Leventina gerade erst gerodet wurde, da durchzog das Bleniotal bereits der Duft der großen Welt. Diese Gunst verdankte es dem Lukmanierpaß, der mit seinen 1978 Metern über dem Meeresspiegel zu den niedrigsten Alpenübergängen gehört und das Tessin mit Graubünden verbindet.
Bereits römische Kohorten und Kuriere, die in Rätiens Hauptort ›Coira‹ (Chur) weilten, marschierten durch das Bleniotal. Später haben die Bewohner die Durchreise bedeutender Herrscher stolz vermerkt und auf rätisch an Kinder und Enkel weitergegeben: Karl der Große passierte das Tal anno 800 auf dem Weg zur Krönung nach Rom, 965 reiste Otto der Grosse hindurch und im Jahr 1176 schließlich auch Kaiser Friedrich II. Barbarossa – auf dem Weg zu seiner Schlappe bei Legnano.

## Einigkeit macht stark

Vielleicht hat der Nordföhn den Freiheitsvirus in das weite Tal geblasen; jedenfalls zerstörten die Bleniesen nicht nur zur Freude des Papstes die Burgen der abgeschlafften Feudalherren, sondern schlossen 1182 auch gleich einen Beistandspakt mit den Leventinern. Dessen Ziel es war, keine neuen Festungen zu dulden und lediglich die Mailänder Kirchenfürsten anzuerkennen. Sie schworen es zu Torre und kehrten dann zurück in ihre Dörfer, wo sie in aller Ruhe ihre Ziegen und Schafe hüteten, Gerste anpflanzten und Kastanien dörrten.

△ Mit den schönsten romanischen und gotischen Wandmalereien: San Carlo di Negrentino bei Prugiasco ▽

## Tyrannenmord zu Malvaglia

Die Lehen bestanden trotzdem weiter, doch waren ihre Träger klug genug, den Gemeinden eine weitgehende Autonomie zuzugestehen. Die Bologneser Adligen dei Pepoli besaßen weniger Fingerspitzengefühl, und ihr Sproß Taddeo benahm sich sogar so sehr daneben, daß den Bleniesen der Kragen platzte. Sie verließen Dorf und Alm, lockten den Tyrannen auf ein Fest, ließen ihn fleißig bechern und erschlugen ihn dann mit einer Keule.
Die Burg Serravalle, gegenüber von Malvaglia am rechten Ufer des Brenno gelegen und mächtigste Feste des Tals, ging anno 1402 in Flammen auf und blieb Ruine. Heute ist sie das angestammte Revier der Eidechsen, Schwalben und Fledermäuse. Und im hohen Gras zirpen die Grillen.

△ Die ›Casa dei Landvogti‹ erinnert an schwere und an süße Zeiten, als noch Schokolade hergestellt wurde ▽

Opfer des Volkszorns: die Stauferfeste von Serravalle ▽

Steinebrechen, eines der ältesten Tessiner Gewerbe ▽

△ Blick von Semione hinab zum Brenno

Halb unter Kastanien: die Barockkapelle von Navone hoch über Semione ▽

## Verpaßte Chance

Ein liebliches Tal ist es geblieben, und gewiß zählt es nicht zu den ärmsten. Doch die Konkurrenz des Gotthardpasses war übermächtig, bot er doch den direkteren Weg von Nord nach Süd, so daß der Lukmanier seine erstrangige Bedeutung verlor.
Vielleicht hatten die wackeren Bleniesen und braven Christen aber auch ganz einfach ihre Chancen verpaßt, so wie es in anderem Zusammenhang eine alte Legende beschreibt: Oberhalb von Olivone sollen Heiden gehaust haben, die ›Croix‹, ein gar merkwürdiges Völkchen. Als einer von ihnen krank wurde, schickte man ins Tal und bat um eine Pflegerin. Der Heide genas und schenkte der Frau zum Dank einige Brocken Kohle. Die warf sie auf dem Heimweg fort – bloß einer hatte sich in ihrer Tasche verfangen und ist zu Hause reines Gold geworden.

## Nach Jahrtausende altem Ritus

Sie praktizieren ambrosianisch, die Bleniesen. Das bedeutet in der kirchlichen Praxis zum Beispiel, daß sie ihre Täuflinge untertauchen. Und bei der Pontifikalmesse bringen je vier ihrer ältesten Frauen und Männer Wein und Brot an den Altar. Sie folgen damit den Lehren des heiligen Ambrosius, der im 4. Jahrhundert als Erzbischof in Mailand gewirkt hatte.
Würdiger hätten sie kaum ein Zeichen ihres christlichen Glaubens setzen können: 200 Meter hoch über der Talmitte und dem Ort Prugiasco, aller Betriebsamkeit enthoben, liegt am Waldrand die Kirche San Carlo di Negrentino und scheint über Menschen, Weiden und Vieh zu wachen. Um 1100 herum entstanden und ursprünglich dem gebürtigen Trierer Ambrosius gewidmet, in den folgenden Jahrhunderten ausgebaut und mit reichen romanischen und gotischen Wandmalereien versehen, zählt San Carlo heute zu den wertvollsten Baudenkmälern des Tessins.

## Süße Erinnerungen

Ambrosia oder Nektar war den Bleniesen nicht beschieden, aber Schokolade. Sie lernten die süße Kunst im 16. Jahrhundert, vollendeten sie und beglückten ganz Europa damit. Dutzende der feinsten Häuser auf dem Kontinent hatten ihre Ahnen im Bleniotal. Und heute? Kaufen sie die Leckerei bei Migros oder Coop!

△ Ein Musterbeispiel der Tessiner Romanik: die 800 Jahre alte Kirche San Nicolao in Giornico ▽

△ Giornico am Ticino mit einer seiner Brücken aus Saumpfadzeiten und den drei Kirchen ▽

Chironico: Mitten im Ort erhebt sich der 600jährige Wohnturm der Pedrini ▽

△ Hindernis auf dem Weg zum Gotthard: Biaschinaschlucht

Sobrio, Etappe an der ›Strada alta‹ ▽

## Grottenschätze

Berichten sonst nur Märchen von Heidenhöhlen und Grottenschätzen, wird es in Semione konkret: Rund 25 000 Mineralien und Versteinerungen birgt das Museum – eine Wunderwelt der Kristalle.

## Zeit ist Geld – im Paßverkehr

Seit alters bestanden Verbindungen zwischen Blenio- und Livinental. Über den Narapaß wurden Vieh und Waren ausgetauscht, im Schwur von Torre gemeinsame Interessen besiegelt. Doch dann zog Giornico das bessere Los!

Denn in der Gunst der Reisenden hatte der Lukmanier ausgedient. Man überquerte seit 1320 den Gotthard. ›Zeit ist Geld‹, mochten sich die Kaufleute gesagt haben, und die Landsknechte aus Uri sorgten eh für Gespräch. Giornico war Etappenziel, bot den Händler- und Söldnerscharen Bett und Wein, den Saumtieren Hafer und Stroh – kein schlechter Verdienst.

## Ein Kampf mit Eis und Fels

Mindestens einmal werden sie jedoch verschreckt Türen und Fenster verrammelt haben, an jenem Dezembertag des Jahres 1478 nämlich, als Rüstungen und Waffen eines Mailänder Heeres von 15 000 Mann in der schwachen Wintersonne aufblitzten.

Der Sforza-Feldherr sollte die paar hundert Eidgenossen zurückschlagen, die sich auf herzögliches Territorium gewagt hatten. Doch der Tessiner Hauptmann Stanga hatte vorgesorgt und keinen Trick gescheut: Die Ebene bei Bodio war bewässert worden und wurde nachts zu Eis. Weit verstreut und unerreichbar für Mailänder Reiterei und Geschosse ließen die Schweizer – wie einst ihre Vorfahren gegen die Habsburger – Felsblöcke von den Bergen auf die behinderten Schlachtreihen hinunterpoltern – eine schreckliche Revanche für die Niederlage bei Arbedo ein paar Jahrzehnte zuvor. Der ›Capitano‹ sei schwer verwundet worden, hieß es, und auf der Schwelle seines Hauses tot zusammengebrochen. Geschehen am 28. Dezember, dem Tag der unschuldigen Kindlein.

Das Schlachtendenkmal im Süden von Giornico verklärt das Ereignis auf unsympathische Weise. Es wurde 1937 geschaffen und läßt nicht an künstlerische Unschuld glauben.

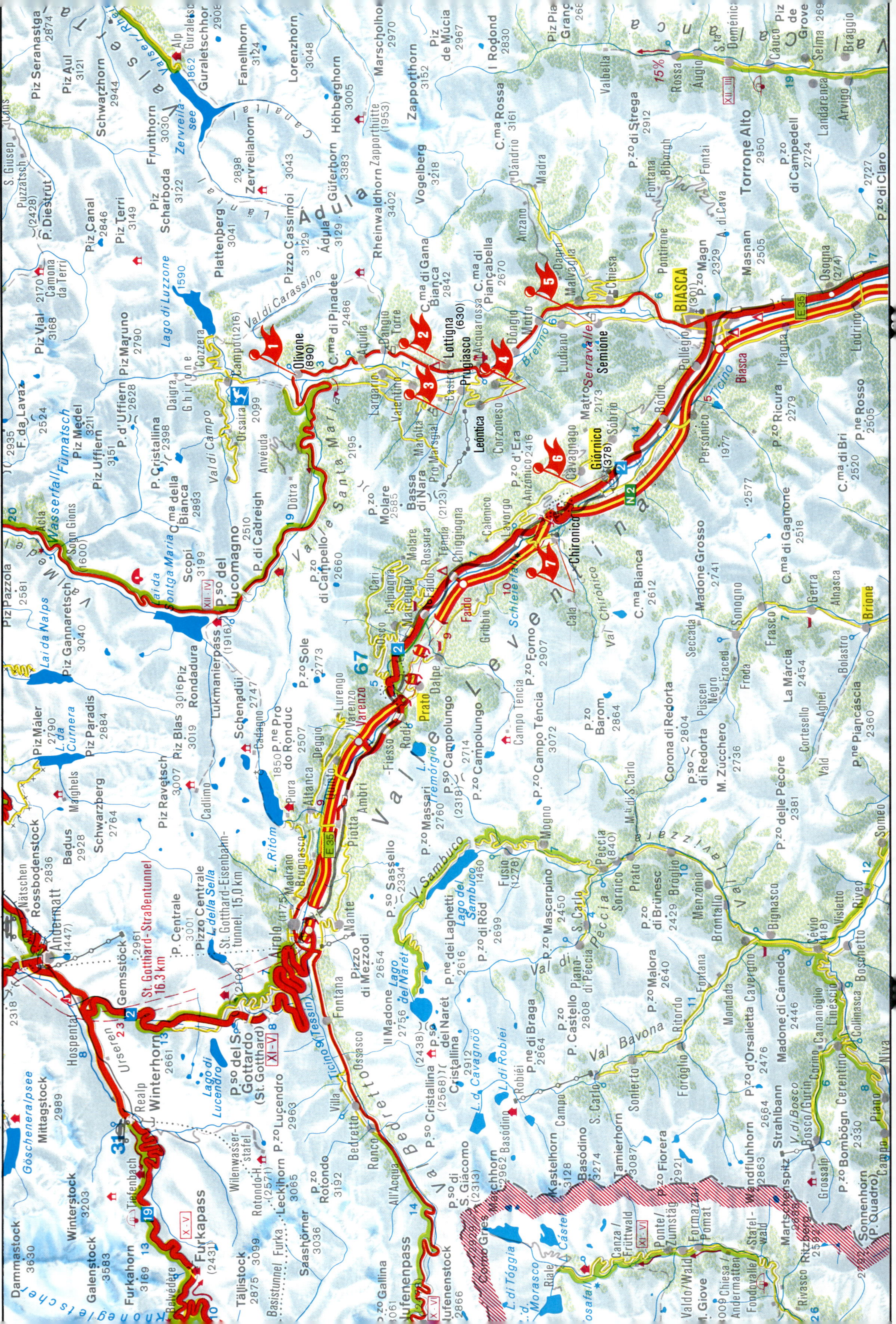

Maßstab 1 : 200 000
Kilometer
Dammastock 3630
Galenstock 3583
Furkahorn 3169
Furkapass (2431)
Winterstock 3203
Göschenenalpsee
Mittagstock 2989
Realp
Hospental
Andermatt (1447)
Rossbodenstock 2836
Nätschen
Gemsstock 2961
St. Gotthard-Straßentunnel 16,3 km
Winterhorn 2661
Pizzo Centrale 2999
P. Centrale 3001
P.so del S. Gottardo (St. Gotthard)
Lago di Lucendro
P.zo Lucendro 2963
Airolo
Madrano
Brugnasco
Piotta
Ambrì
Fiesso
Rodi
Prato
Dalpe
Faido
Giornico
Chironico
Bodio
Pollegio
BIASCA
Biasca
Semione
Malvaglia
Lottigna
Olivone (890)
Campo (1216)
Lukmanierpass (1916)
P.so del Lucomagno
Lago di Luzzone
Zervreilasee
Zervreilahorn 2898
Adula
Rheinwaldhorn 3402
Güferhorn 3383
Vogelberg 3218
Zapporthorn 3152
Pizzo Cassimoi 3129
Piz Medel 3211
Piz Terri 3149
Piz Cristallina 2398
Piz Rondadura 3016
Lai da Nalps
Lai da Curnera
Piz Paradis 2884
Piz Blas 3019
Lago Ritóm
Piora
Valle Santa Maria
Valle Leventina
Valle Bedretto
Bedretto
Ronco
All'Acqua
Nufenenpass
Nufenenstock 2866
Ticino (Tessin)
Lago del Naret
Lago Sambuco
Fusio (1278)
Péccia
Lavizzara
Val Bavona
Val Peccia
Cevio
Bignasco
Basódino 3274
Kastelhorn 3128
Lago di Morasco
Riale
Formazza
Ponte / Zumstäg
Tosa
Val Chironico
Madone Grosso 2741
Sonogno
Frasco
Brione
Gerra
Torrone Alto 2950
Osogna
Lodrino
Ticino
Brenno
Pizzo Forno 2907
Campo Tencia 3072
Pizzo Barone 2864
Corona di Redorta 2804
Pizzo Campolungo 2714
Pizzo Massari 2760
Pizzo Sassello 2334
Pizzo di Mezzodì
Madone di Cámedo 2446
Strahlbann
Bosco/Gurin
P.zo Bombögn
Sonnenhorn (P. Quadro)
Pizzo Molare 2585
Pizzo Sole 2773
Piz Pazzola 2581
Piz Gannaretsch 3040
Piz Maler 2790
Badus 2928
Schwarzberg 2764
Piz Ravetsch 3007
Schwarzhorn 2944
Piz Aul 3121
Piz Seranastga 2874
Lorenzhorn 3048
Fanellhorn 3124
Marscholhorn 2970
Piz de Mucia 2967
I Rodond 2830
Piz di Strega 2912
Piz di Campedell 2724
Pizzo di Claro 2727
15%
E35
N2
67

# Wo gibt es was?

Fähnchennummer = Textnummer ❶ = Auskunft

## Olivone ①

Ferienort am Zusammenfluß des Santa Maria- und des Campo-Brenno. Jahrhundertelang wichtige Relaisstation für den Paßverkehr über den Lukmanier mit weitgehender Selbstverwaltung.
An damaligen Wohlstand erinnern die reichdekorierte Pfarrkirche San Martino (12. Jh., im 17. und 18. Jh. barokkisiert), Kapellen in der Umgebung und stattliche, teilweise freskengeschmückte Häuser. Volkskundliche Sammlung im einstigen Pfrundhaus, der ›Cà da Rivöi‹ (17. Jh.): Backofen, Hausgerät, Kirchenkunst (geöffnet tägl. außer mo von Ostern bis Ende Okt.).
Postbuslinien nach Biasca und über den Lukmanierpaß in den Kanton Graubünden; Seilbahn zum Stausee *Lago di Luzzone* (1590 m) in hochalpiner Landschaft. Unzählige Wanderrouten; Skipisten mit Lifts im Campotal zwischen 1250 und 1500 Meter.
❶ siehe Leontica.

## Lottigna ②

Ehemaliger Vogteisitz, heute ein kleines Dorf auf einer sonnigen Hangterrasse. Sehenswert die Pfarrkirche Santi Pietro e Paolo (13., 15. und 17. Jh.), vor allem jedoch die ›Casa dei Landvogti‹ (um 1500), 1502 bis 1798 die Residenz der eidgenössischen Vögte im Bleniotal; ihre Wappen zieren die Fassade. Der Bau beherbergt in sehr guter Präsentation das historische Museum der Region: Geräte zu Landwirtschaft, Holz- und Eisenbearbeitung, Weben, Schokoladenherstellung; Waffen, Trachten, Uniformen. Im Hof ein Baumgarten mit typischer einheimischer Flora. Geöffnet tägl. außer mo von Ostern bis Ende Okt.
❶ siehe Leontica.

## Prugiasco ③

Kleines Dorf mit einem der wertvollsten Baudenkmäler des Tessins: San Carlo di Negrentino. Die Kirche liegt einsam 200 m über dem Ort mitten im Grünen (Schlüssel in den Restaurants von Prugiasco und Leontica erhältlich). Die größere ›gescheckte‹ der beiden talwärts vorragenden Apsiden entstand um 1100, die zweite zusammen mit dem zugehörigen Schiff und wohl auch dem Turm um 1300; reiche frühromanische und spätgotische Wandmalereien. Sehenswert auch die romanische San Remigio nahe *Dóngio* (Fresken aus dem 13. und 15. Jh.). Von Prugiasco aus schöne Höhenwanderungen. Doch verschwindet auf dieser Talseite auch im Sommer die Sonne früh!
❶ siehe Leontica.

## Leontica ④

Ferienort auf der rechten Talseite (900 m). Ausgangspunkt für Wanderungen, Skipisten und Langlaufloipen der Bassa di Nara (2000 m). Einfaches Hotel; weitere Unterkunftsmöglichkeiten in *Acquarossa* (Thermalquellen, aber kein Kurbetrieb).
Ende Juni Umzug in historischen Trachten (vor allem Uniformen der napoleonischen Zeit).
❶ Ente turistico Blenio, CH-6716 Acquarossa.

## Semione ⑤

Unterstes Dorf des Bleniotals mit alten Bruchsteinhäusern und eher herrschaftlichen Bauten des 19. Jh.
Hübsche Kirche Santa Maria Assunta (um 1730) mit altem Turm; im Beinhaus gotische Fresken (15. Jh.).
Hauptsehenswürdigkeit ist die Burgruine von *Serravalle* über einer Talenge etwas nördlich des Dorfkerns. Die Feste wurde im 12. Jh. zum Schutz der Lukmanier-Paßstraße errichtet; 1176 weilte hier Kaiser Friedrich Barbarossa. Später in Mailänder Besitz, wurde sie 1402 von den Einheimischen zerstört. Übriggeblieben sind von Pflanzen überwucherte Mauern, Teile des Palas, ein Wehrturm und die Burgkapelle Santa Maria del Castello (teilweise romanisch; Fresken aus dem 14. und 15. Jh.).
In der Casa San Carlo ist ein Mineralien- und Fossilienmuseum eingerichtet (tägl. geöffnet von Ostern bis Ende Okt.).
Lohnende Wanderungen zu den höhergelegenen Weilern. In *Navone*, halb von Kastanien beschattet, eine anmutige achteckige Barockkapelle (17. Jh.). Nahezu intakte Tessiner Kulturlandschaft bietet das Val Malvaglia auf der gegenüberliegenden Talseite. *Malvagilia* selbst besitzt eine 1603 umgebaute, schöne Kirche, die teilweise ins 11. Jh. zurückreicht (Turm, Apsis).
❶ siehe Leontica.

## Giornico ⑥

Bedeutendster Ort der Leventina an der alten Gotthardstraße, jedoch nur mit einem einfachen Gasthaus. In den ›Ristoranti‹ ist dagegen der Wein zu kosten, der in den Pergolen am Südrand des Dorfes mit viel Mühe gezogen wird. Drei Kirchen beherrschen das Ortsbild. Die Pfarrkirche San Michele wurde im 18. Jh. auf mittelalterlichen Grundmauern neu errichtet; Barockstukkaturen, große Barockorgel, in der Antoniuskapelle der gotische Flügelaltar aus San Nicolao (1517). Auf einem Hügel thront die einstige Burgkapelle Santa Maria del Castello; das mailändische Kastell wurde von den Urnern um 1518 geschleift. Die Kapelle mit Apsidensaal des 12. Jh., um 1400 erweitert; gotische Wandmalereien, Holzdecke von 1575 (Schlüssel beim Pfarramt). San Nicolao, unmittelbar an der Bahnlinie, gilt als Hauptwerk der Tessiner Romanik und steht deshalb unter Bundesdenkmalschutz; die Kirche eines Benediktinerklosters wurde um 1160 aus Granitquadern gefügt. Schlichtes Schiff mit offenem Dachgebälk; Hallenkrypta mit Kreuzgewölben und interessantem Säulenschmuck. Romanische und gotische Wandmalereien; romanisches Taufbecken am Eingang; archaisch wirkende Außenskulpturen.
Brücken aus dem 14. Jh. überwölben die zwei Arme des Ticino – Brennpunkte des einstigen Paßverkehrs. Am Ostufer Talmuseum in der Casa Stanga (16. Jh.) einem ehemaligen Gasthof mit Wappen illustrer Gäste an der Fassade; das ›Museo di Leventina‹ enthält unter anderem Kostüme, Möbel, Waffen, Bilder, Münzen und Dokumente zur Lokalgeschichte (nur an Wochenenden im Sommer geöffnet). Aus dem alten Ortskern auf der linken Talseite ragt ein mittelalterlicher Wohnturm heraus, der auf das 9. Jh. zurückgehen soll.
Eine Wanderung nordwärts auf dem alten Gotthardsaumpfad führt zur Wallfahrtskirche San Pellegrino (1345 und 16./17.Jh.), deren Ostwand von einer beeindruckenden Renaissancedarstellung des Jüngsten Gerichts ausgefüllt wird (1589; Schlüssel zur Kirche beim Pfarramt). Die Wallfahrt findet am dritten Maisonntag statt.
❶ Ente turistico Leventina, CH-6760 Faido.

## Chironico ⑦

Geschlossenes, weitgehend unverfälschtes Dorf auf den Schuttmassen eines prähistorischen Felssturzes; einst an der Gotthardstraße. In den verwinkelten Gassen sind der mittelalterliche Wehrturm Torre dei Pedrini, viele alte Häuser, zum Teil in Holzbauweise, sowie die Kapelle Santi Ambrogio e Maurizio zu entdecken, welche auf frühmittelalterlichen Fundamenten ruht und Fresken aus dem 14. und dem 15. Jh. enthält; die beiden Chorapsiden scheinen entgegen der üblichen Praxis gleichzeitig erbaut worden zu sein. Sehr schön außerhalb des Dorfes ist die Mauritius-Pfarrkirche gelegen (vermutlich aus dem 16. Jh.; im 19. Jh. umgebaut). Bergwanderungen zu mehreren, teilweise verlassenen Weilern des Valle Chironico; Übernachtungsmöglichkeit nur in der Spondahütte (2000 m).
❶ siehe Giornico.

**Der Kirchturm von Villa im Bedrettotal ist so massiv konstruiert, daß er auch Lawinen zu brechen vermag.**

# Vom St. Gotthard ins Tal des Ticino

Der Winter ist lang und hart in den Tälern am Fuß des Alpen-Zentralmassivs. Die Dörfer machen sich klein auf mächtigen Schuttkegeln, um von Lawinenkatastrophen verschont zu bleiben. Dennoch versagen immer wieder Bannwald und Fürbitte. Der Gotthardverkehr rollt jedoch das ganze Jahr über in sicheren Betonröhren. Das war nicht immer so: Jahrhundertelang quälte sich der Paßverkehr über schmale Saumpfade und schwindelerregende Brücken.

△ Für Paßsammler: der 2478 Meter hohe Nufenenpaß

Wie ein Luftbild: Blick von der Gotthardstraße auf Fontana im Bedrettotal ▽

△ Mit Lawinen muß im Bedrettotal immer gerechnet werden: Villas Kirche dient als Lawinenbrecher

△ Zwei Zeitalter: ›Ristorante‹ und ›Ospizio‹ von All'Acqua

△ Natur und von Menschenhand: der junge Ticino . . .

. . . und die kühne Gotthardstraße ▽

Eine ›Fahrt ins Blaue‹ verheißen die deutschschweizerischen Reiseveranstalter, fahren mit ihren Bussen um sechs Uhr früh los und zeigen den meist recht betagten Gästen die Bilderbuchschweiz. Halt für ein Kännchen Kaffee auf dem Nufenenpaß. Frösteln auch bei strahlend blauem Himmel – schließlich befindet man sich oberhalb der Baumgrenze. Dafür gibt es Büsche voller Alpenrosen. Bald geht es weiter, weitere Pässe stehen auf dem Programm. Bleibt gerade mal eine Viertelstunde für das Bedrettotal.

## Nahtstelle des Kontinents

Wer denkt schon daran, daß er hier auf einer geologischen Nahtstelle des Kontinents fährt? Daß mit dem Südhang weither verfrachtetes Tiefseegestein beginnt, welches den größten Teil des Tessins bedeckt, daß sich im Norden aber uraltes, unverrücktes Grundgebirge erstreckt, dem Schwarzwald verwandt? Wer kann die ungeheuren Kräfte ermessen, die diese Felspakete wie Pfannkuchen übereinandergeschoben und zu Alpenhöhe aufeinandergetürmt, Jahr für Jahr, Zentimeter um Zentimeter? Die Erde hat fast unendlich viel Zeit.

Als wenn sie das wüßten, scharen sich die wenigen Häuser zu bescheidenen kleinen Dörfern zusammen. Die Gegenwart ist bedrohlich genug: Lawinen, die den Bannwald niederreißen können, der junge Ticino, der im Frühling zur Zeit der Schneeschmelze zum gefährlichen Strom anschwillt und immer wieder weit über die Ufer tritt.

Doch die Lieblichkeit und Frische eines Frühsommermorgens berührt; das Blumenmeer ist dem Fleiß der Bauern zu verdanken. Ohne Mähen der Wiesen stünde hier Wald. Die Birke, die ›Bedra‹ vor allem, von der das Tal den Namen trägt, und Lärche, Föhre, Tanne.

## Korridor Europas – der Gotthard

Unserer nordländischen Sehnsucht nach Wärme und Sonne, nach dem ›Land, wo die Zitronen blühn‹, stellen sich lang, hoch und breit die Alpen in die Quere. Die kürzeste Verbindung zwischen Rheinland, Flandern und Mailand – das europäische ›Sesam, öffne dich!‹ – führt über den Sankt Gotthard.

Ohne blaue Flecken geht die Reise über diesen Paß freilich erst seit Urgroßvaters Zeiten ab. Sah ja alles auch zu schön

△ Zu Ehren des heiligen Godehards von Hildesheim: Gotthardhospiz an den Gletscherseen

△ Mit der Standseilbahn geht es neben den Druckröhren hinauf zum Ritomsee, der der Stromerzeugung dient ▽

△ Seine Bedeutung verdankt Airolo dem Gotthard-Verkehr, . . . . . . heute per Auto und Eisenbahn ▽

Ambri-Piotta: das im Talgrund dicht besiedelte Livinental mit seinen Weilern ▽

aus, um wahr zu sein: das Reußtal, exakt von Norden nach Süden verlaufend, das Leventina-Tal als passendes Anschlußstück, dazwischen eine einzige Schwelle. Doch wie hätte das Kamel durch das Nadelöhr gehen, ein Maultier über die Schöllenen springen sollen? Da resignierten selbst die Römer.
Erst um 1200 erbot sich der Teufel, der leibhaftige, den Kommerz zu fördern, bastelte einen Steg über den Abgrund und erntete – Undank ist der Welten Lohn – einen stinkenden Ziegenbock statt der erhofften Menschenseele. Auf dem abenteuerlichen Saumpfad, jahrhundertelang der einzige Weg über den Paß, hat sich allerdings noch so mancher den Hals gebrochen.

## Aufschwung mit Heiligenschutz

Zum Schutzpatron für das fragwürdige Unternehmen wurde der heilige Godehard, ein aus Hildesheim stammender Bischof, erkoren. Seinem Hospiz war der Himmel gnädig – der Saumerverkehr schwoll an. Ochsenschlitten boten den höchsten Komfort, wie die ersten Chronisten einhellig berichten. Die Prominenz ließ die Felswände im Tragsessel an sich vorüberziehen, Individualisten schworen auf derbe Stiefel. Und Mister Gréville, ein englischer Naturforscher, mochte nicht auf seine Kutsche verzichten, mußte sie allerdings mehrmals auseinanderschrauben, um im 18. Jahrhundert die engen Stellen des Wegs zu meistern.
Auch Goethe war hier, dreimal sogar, und hat eine Skizze ›Scheidblick nach Italien‹ hinterlassen. Er sah die langen Pferdezüge mit Käse und Wein, Viehtreiber mit großen Herden. 1830 begann die große Zeit der Postkutschenromantik – sie sollte nur fünfzig Jahre dauern. Denn im Bauch des Berges rumorten seit 1872 die Mineure, um den Schienenweg zu öffnen. 1882 war das Werk vollendet. Eine technische Meisterleistung, die allerdings 177 Menschen das Leben kostete, darunter dem leitenden Ingenieur Louis Favre.
Der Paß wurde erst mit dem Automobil wieder interessant. Inzwischen ist der Gotthard durchlöchert wie ein Emmentaler Käse: Eisenbahntunnel, Straßentunnel, die Festungen der Armee. Die Generäle trauen den Kanonen mehr als dem deutschen Schutzpatron. Die Bauindustrie hofft bereits auf das nächste Loch: 50 Kilometer Basisstollen. Hat wieder der Teufel die Hand im Spiel?

△ Etappe an der ›Strada alta‹: Rossura

△ Mairengo: Abendmahl-Szene in der Kirche San Siro

Faido: Totale von der ›Strada alta‹ aus ▽

△ Westlich von Faido stürzt sich die Piomogna in drei Stufen hinab zum Ticino

△ Erinnerung an Gründerjahre: »Albergo Milano« in Faido

Pfingstgruppe in Chiggiognas Kirche Santa Maria Assunta ▽

## Immer wieder neue Wege

Als wollte er hier erstmals seine Kraft erproben, hat sich der Ticino hinter Airolo so richtig ins Gestein verbissen: Die Stalvedro-Schlucht ist der oberste seiner drei berüchtigten Abgründe. ›Lang ist die Kluft, schaurig die Dämmerung, furchtbar das dumpfe Tosen des Stromes der Tiefe...‹, notierte die empfindsame Reisende Friederike Brun im September 1795.

Fluß und Technik liefern sich in der Leventina schon seit Jahrhunderten einen heftigen Kampf. Galerien, frech in den Fels geschlagen, und halsbrecherische Brückenkonstruktionen bahnten den Marktfahrern den Weg.

Transitgebiet ist das Livinental – wer mochte schon in dieser Wildnis bleiben? Die meisten Dörfer liegen auf einer Talterrasse – über den Schatten von Gneiswänden und Autobahn. Und vor Faido und Giornico schraubt die Bahn sich im Berginnern die Talstufen hinunter.

## Kniefall zu Faido

Ein armes Tal, eigentlich keiner Eroberung wert. Doch was die Heuschrecken nicht fraßen, holten sich die Urner. Trieb sie der Größenwahn, gegen Mailands Heere zu kämpfen? Oder pure Rauflust, fremden Feldherren als Söldner zu dienen?

Das Banner Uris schmückt ein Stier: schwarz, hager, mit geröteten Augen und heraushängender Zunge. Ein Bild des Hungers. Die Urner mußten den Gotthard öffnen, ihn beherrschen, Traggelder und Zölle einstreichen, Kriegsdienste leisten, um überleben zu können. Aber mußten sie außerdem auch unterdrücken?

Zweimal revoltierten die Leventiner, zogen jedoch beide Male den kürzeren. 1755 wurden die Männer auf dem Dorfplatz von Faido in die Knie gezwungen, schworen barhäuptig, bleich und von Landsknechten umringt, den Urnern fortan Treue zu halten, ›unseren hochverehrten, mächtigen Herren‹.

›Tempi passati‹, vergangene Zeiten. Das Tessin hat heute achtmal mehr Einwohner als sein ärmerer Nachbar nördlich des St.Gotthard. Uris Stier ist zahm geworden. Aber auch Faido hat seine besten Tage hinter sich. Zur Jahrhundertwende logierte in den noblen Hotels das betuchte Bürgertum, heute ist der Ort nur noch Durchgangsstation und Ausgangspunkt für Ausflüge.

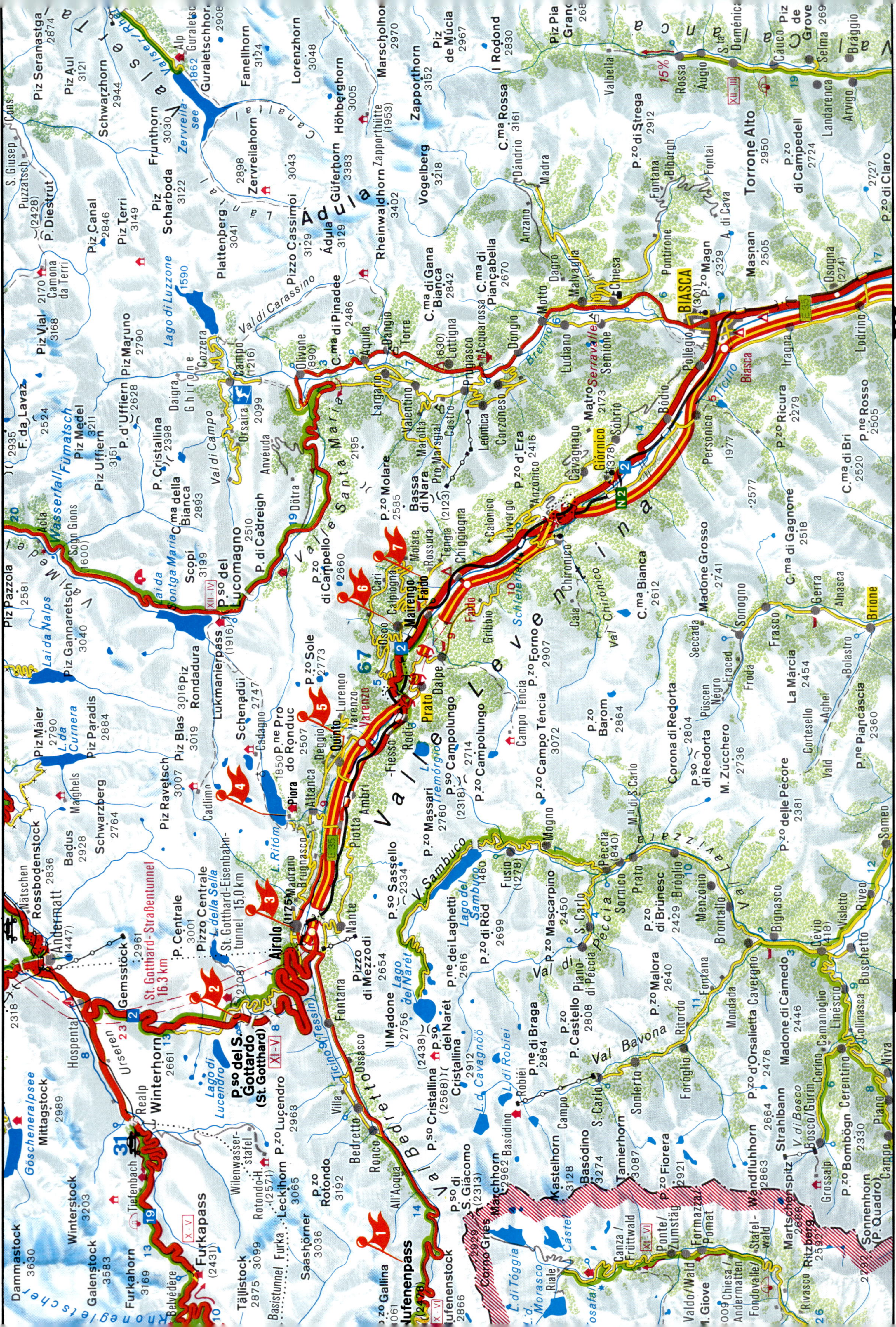

Maßstab 1 : 200 000
Kilometer
Dammastock 3630
Galenstock 3583
Furkahorn 3169
Furkapass (2431)
Winterstock 3203
Mittagstock 2989
Göscheneralpsee
Tiefenbach
Realp
Hospental
Andermatt (1447)
Rossbodenstock 2836
Gemsstock 2961
Winterhorn 2661
St. Gotthard-Straßentunnel 16,3 km
P.so del S. Gottardo (St. Gotthard)
Lago di Lucendro
P.zo Lucendro 2963
Airolo
St. Gotthard-Eisenbahn-tunnel 15,0 km
Pizzo Centrale 3001
Badus 2928
Schwarzberg 2764
Piz Ravetsch 3007
Piz Blas 3019
Piz Paradis 2884
Lukmanierpass (1916)
P.so del Lucomagno
Scopi 3199
Nufenenpass
Val Bedretto
Bedretto
Ronco
Villa
Ossasco
Fontana
Nante
Pizzo di Mezzodi 2654
Lago del Narèt
Lago Ritóm
Piora
Ambri
Piotta
Quinto
Rodi
Prato
Dalpe
Faido
Lavorgo
Giornico
Bodio
Biasca
Valle Leventina
Ticino
Fusio
Val Lavizzara
Val Bavona
Val di Peccia
Peccia
Prato
Sornico
Broglio
Menzonio
Brontallo
Bignasco
Cevio
Riveo
Cavergno
Someo
Basodino 3274
Kastelhorn 3128
Tamierhorn 3087
Lago di Vogorno
Valle Santa Maria
Olivone (890)
Campo (1216)
Val di Campo
Val di Carassino
Ádula
Rheinwaldhorn 3402
Güferhorn 3383
Zervreilasee
Zapporthorn 3152
Vogelberg 3218
Piz Terri 3149
Piz Medel 3211
Lai da Curnera
Lai da Nalps
Lai da Sontga Maria
Lago di Luzzone
Val Malvaglia
Malvaglia
Torrone Alto 2950
Rossa
Valbella
Pizzo Campo Tencia 3072
P.zo Barom 2864
Corona di Redorta
Madone Grosso 2741
Sonogno
Frasco
Gerra
Brione
Val Verzasca
Lodrino
Iragna
Osogna
Madone di Camedo 2446
Bosco/Gurin
Cerentino
Linescio
Formazza/Pomat
Ponte/Zumstäg
Riale
L. di Morasco
Lago Castel
Sonnenhorn

# *Wo gibt es was?*

Fähnchennummer = Textnummer ⓘ = Auskunft

## Nufenenpaß ①

Mit 2478 m über Meereshöhe einer der höchsten Alpenpässe; Verbindung zwischen den beiden Schweizer Südkantonen Tessin und Wallis. Der Übergang, den 1799, während der napoleonischen Feldzüge, der russische General Alexander Suworow bei Schneetreiben mit 20 000 Mann überschritt, ist erst seit 1969 für den modernen Verkehr ausgebaut, aber nur von Juni bis Okt. passierbar.
Es gibt ein Paßrestaurant. Bergstraße an den *Griessee,* in den der gleichnamige Gletscher mündet; Wanderung ins Val Corno und zurück an die Nufenenpaßstraße.

## Sankt Gotthard ②

Als kürzeste Verbindung zwischen dem Rheinland und Oberitalien der wichtigste Paß der Schweiz und einer der meistbenutzten Alpenübergänge. Das Gotthard-Massiv ist Kultur-, Wasser- und Klimascheide: nordwärts Rhein, Nordsee, Knödel, deutsch; südwärts: Mittelmeer, Spaghetti, italienisch.
Reisekünstler folgen der gutausgebauten Paßstraße. Sie lohnt mit eindrucksvollen Bergpanoramen und dem ›richtigen‹ Einstieg ins Tessin – einem weiten Blick in die obere Leventina. Die für schweizerische Verhältnisse bescheidene Paßhöhe von 2108 m über Meereshöhe bedeutet allerdings mehrere Monate Schneesperre.
Das ganze Jahr über geöffnet ist der Gotthard-Straßentunnel, mit 16,3 km einer der längsten der Welt. Gebühren werden nicht erhoben, allerdings ist die Autobahnvignette Pflicht. 1980 eröffnet, haben ihn schon weit mehr als eine Million Fahrzeuge passiert, bis zu 20 000 pro Tag. Die Steuerzentrale mit ihren Monitoren, Meßgeräten und Computern kann von Gruppen besichtigt werden (schriftliche Voranmeldung bei Werkhof, Nationalstraße 2, CH-6487 Göschenen). Der Autotunnel ist jüngstes Kind mehrerer Straßengenerationen, die besonders schön von den Höhen um Nante zu sehen sind: Spuren des alten Saumpfads, die 40 Haarnadelkurven der 1830 fertiggestellten ›Tremola‹, die elegante Linie der Nationalstraße sowie das Gewirr von Ein- und Ausfahrten zu den Betontunnelröhren.
Eine wintersichere Verbindung von Nord nach Süd gewährleistet seit 1882 der Eisenbahntunnel; er mißt 15 Kilometer. Nächste Station im Tessin ist Airolo. Von dort aus fährt im Sommer die Reisepost zur Paßhöhe.
Übernachtungsmöglichkeit im Hospiz, an Gletscherseen gelegen; die älteren Gebäude stammen aus dem 19. Jh. Im ehemaligen Zollgebäude, 1838 errichtet, ist ein Museum zur Paßgeschichte untergebracht (von Juni bis Oktober geöffnet).
Markierte Wanderwege nach Andermatt und Hospental im Kanton Uri, ins Val Bedretto sowie zum Ritom-Stausee und Lukmanierpaß.

## Airolo ③

Zentrum der oberen Leventina und des Bedrettotals, Verkehrsknotenpunkt und Erholungsort (1178 m). In sonniger Südwestlage vermittelt Airolo schon einen ersten Hauch von Süden. Stattliche Häuser verraten den Wohlstand des einstigen Etappenziels der Pferdekutschenzeit. Einem verheerenden Brand von 1877 widerstand bloß der romanische Kirchturm (13. Jh.) der Pfarrkirche Santi Nazario e Celso (1879).
Das Bronzerelief des Tessiner Künstlers Vincenzo Vela (1820–1891) auf dem Bahnhofsplatz beklagt die Opfer des Bahntunnelbaus: 177 Arbeiter hatten im Stollen ihr Leben lassen müssen.
Airolo ist Ausgangspunkt für zahlreiche Bergwanderungen. Höhenwanderungen ins Bedrettotal: hoch über dem jungen Tessinfluß (Übernachtungsmöglichkeiten in Bedretto, Ronco, All'Acqua), talabwärts auf der rechten Talseite (Übernachtungsmöglichkeiten in einer Hütte am Lago Tremorgio, in Dalpe, Lavorgo, Giornico) oder auf der berühmten ›Strada alta‹ auf der linken Talseite (Unterkunft in Altanca, Catto, Osco, Calpiogna, Rossura, Anzonico, Sobrio, Pollegio); die 46 km Wanderpiste sind jedoch während der Ferienzeiten so stark frequentiert, daß Vorreservationen angebracht sind, will man den mühseligen und zeitraubenden Abstieg in die Taldörfer vermeiden.
Um Airolo bestehen auch Wintersport-Einrichtungen: Abfahrten nach Pesciüm (1750 m) und Luwina (1320 m). Langlaufloipe.
ⓘ siehe Faido.

## Piora ③

Der Ort besteht eigentlich nur aus ein paar Häusern, bietet jedoch Zugang zu einem hochalpinen Naturpark.
Von Piotta aus Standseilbahn mit einer Maximalsteigung von 88 Prozent. Neben den Schienen die Druckrohre für ein Kraftwerk, das der *Lago Ritóm* speist. Hinter diesem halb in Lärchen- und Arvenwald gebetteten Stausee dehnt sich ein weites, von Gletschern geformtes Netz von Hochtälern, alpinen Heiden (besonders schön im Juni) und kleinen Seen aus. Alpenrose und Heidelbeere sind häufig; Seidelbast, Schwefelanemone, Enziane oder die Orchideе Männertreu gehören zu den selteneren, geschützten Kostbarkeiten der Pflanzenwelt. Mit etwas Geduld lassen sich Gemsen, Hirsche, Rehe, Murmeltiere, gelegentlich sogar der Steinadler beobachten. Alpenwirtschaft liefert den würzigen Piora-Käse.
Unterkunftsmöglichkeiten in Hütten des Schweizer Alpenclubs (SAC), komfortabler im Hotel ›Lago Ritóm‹.
ⓘ siehe Faido.

## Quinto ⑤

Thront auf einem Schuttfächer über der Talebene des Ticino. Wie die anderen Terrassendörfer an der ›Strada alta‹ eine mittelalterliche Gründung, wie auch der Kirchturm beweist (Rest einer Hallenkrypta). Die Kirche Santi Pietro e Paolo stammt im übrigen aus dem 17. und 18. Jh., wobei jedoch romanische Skulpturen mit eingemauert wurden. An der ›Strada alta‹, etwas außerhalb des Weilers *Deggio,* blieb die romanische Kapelle San Martino erhalten. Fresken aus dem 15. Jh.
ⓘ siehe Faido.

## Mairengo ⑥

Per Postauto von Faido aus erreichbar, liegt es in geschützter Südlage 150 Meter über dem Tal an der ›Strada alta‹. Sehenswerte Kirche San Siro aus dem 12. Jh. (Westfassade) und 16. Jh. mit einem spätgotischen Flügelaltar sowie reichen Wandmalereien aus Gotik und Renaissance.
ⓘ siehe Faido.

## Faido ⑦

Hauptort der Leventina (neben Giornico) und Ferienort (700 m) mit vielfältigen Ausflugsmöglichkeiten. Vom Nobeltourismus der Jahrhundertwende künden noch die Fassade des Hotels ›Milano‹ und einige verträumte Parks. Wenige markante Bauten, darunter das ›Gotthardhaus‹ (1582). Lohnende Wanderungen zum Piumogna-Wasserfall auf der gegenüberliegenden Talseite, in die Piottinoschlucht, die sich der Ticino ins rauhe Gneisbett gesägt hat, sowie zur ›Strada alta‹ mit dem malerischen Dorf *Rossura* und kleinen Weilern.
Sehenswerte Kirche etwas talabwärts in *Chiggiogna:* an eine Felswand geschmiegter gotischer Bau (um 1520; im Kern 11. Jh.) mit gotischem Flügelaltar in süddeutscher Manier.
Skigebiet beim Weiler *Carì* (1620 m). Lifts erschließen zwölf Kilometer Piste bis Pro da Lei (2150 m). Hotels am Ort, Postautoverbindung mit Faido.
ⓘ Ente turistico Leventina, CH 6760 Faido.

Das Dörfchen Prato liegt im oberen Tal der Maggia zu Füßen des Campo Téncia, eines der wenigen Dreitausender im Tessin.

# ›Ticino granito‹: im Tal der Maggia

Im oberen Teil verzweigt und verengt sich das Maggiatal, bildet eine alpine Landschaft besonderer Art. Die üppige Pflanzenwelt ist eingebettet in eine Kulisse aus grauem Stein. Die steilen Wege, die dunklen, gedrungenen Häuser, gedeckt mit zentnerschweren Steinplatten, spiegeln nicht nur heile Kulturlandschaft von einst wider, sondern harte Lebensbedingungen im ›Ticino granito‹.

△ Gehört heutzutage den Wanderern: das Bavonatal

△ Guter Ausgangspunkt für Bergwanderungen: Fusio

△ Zunehmend nur noch Sommerdomizil: Ritordo im Bavonatal

△ »Albergo Robiei«

San Carlo im Bavonatal ▽

△ Bosco/Gurin: der alte Walserort mit seinen Holzhäusern … … und der barockisierten Pfarrkirche ▽

Vegetation und Stein halten sich etwa die Waage. Bilden einen jahreszeitlich wechselnden Kontrast: Grau mit Grün, Gold und Weiß. Die Maggia entspringt ebenso wie mehrere ihrer Zuflüsse hoch in den Bergen. Sie entwässert das halbe Tessin und fällt dabei über Treppen ins Haupttal hinunter. Herb und alpin sind die Hochtäler und dennoch südlich geprägt. Den Wall der Alpen im Rücken, liegen sie gut abgeschirmt und öffnen sich bloß für milde Winde. Kastanien- und Nußbäume gedeihen unter den schroffen Felswänden, und Botaniker finden hier manche Rarität.

Das Bavonatal, das sich von Bignasco aus nach Nordwesten streckt, ist nur noch im Sommer bewohnt. Dann mähen die Bauern die Wiesen, treiben das Vieh auf die Alm und lüften die modrigen, steingefugten Häuser. Der Wanderer folgt ihren alten Pfaden und genießt eine Landschaft, die an Malereien der Romantik erinnert: knorrige Stämme, Monolithen, stiebende Wasserfälle. Da fehlen nur noch die Schäferszenen. Von San Carlo aus entführt eine Seilbahn den Wanderer aus dem beschaulichen Tal in hochalpine Gefilde.

## Fossiles Deutsch

Ein Tal, ein Ort – Bosco ist exklusiv. Auf deutsch heißt der Ort Gurin. Er besitzt nicht nur seine eigene Rovana, einen Arm des Maggia-Seitenflusses, sondern pflegt fossiles Deutsch. ›Ufum Tura‹ (Auf dem Turm), ›Endra Staful‹ (Innere Stafel, Almweide) oder ›Chummuheji‹ (Kammhöhe), so lauten etwa Orts- und Flurnamen. Sprachkundige fühlen sich ins Mittelalter zurückversetzt – so ähnlich tönten Vaganten und Minnesänger.

Weitgehend von der Außenwelt abgeschnitten, erhielt sich die ursprünglich aus dem Oberwallis stammende Bevölkerung seit dem 13. Jahrhundert ihren Dialekt und bildet so bis heute eine alemannische Sprachinsel im Tessin – trotz des Italienischen in der Schule. Auch die Bauweise der von der Sonne geschwärzten Holzhäuser verrät das Walliser Erbe: Blockbauten mit aus Steinen gefügten Kellern oder Sockeln, um die Mäuse abzuhalten. An einigen dieser Häuser stehen noch Sinnsprüche in dem altertümlichen Alemannisch.

Als eine Art bewohntes Freilichtmuseum für folklorehungrige Touristen wollen die Guriner ihre Heimat trotz-

△ Hüterin der Rovana: Santa Maria del Ponte aus dem 17. Jahrhundert in Cevio

△ Collinasca, Val di Campo

△ Obdach der Vögte: Palazzo und ›Pretorio‹ in Cevio

△ Cevio: Fassadenschmuck des ›Pretorio‹

Zeichen starker Religiosität: Kreuzwegstation bei Campo ▽

Weidewirtschaft bei Cevio ▽

dem nicht verstanden wissen, obwohl sie einige Hoffnungen auf den Fremdenverkehr setzen und mit Skilifts Wintersportler anlocken. Denn von Kartoffeln und würziger Alpenmilch allein können auch die wenigen Zurückgebliebenen nicht existieren. So leben sie von der Hand in den Mund. Nach dem Motto ihrer Sonnenuhr: ›Sunnu oder Räge, va Gott der Säge.‹

## Kirche auf Talfahrt

Südlich von Gurin, in einem kleinen Tal jenseits des stattlichen Pizzo Bombögns, harrt Campo seines merkwürdigen und unaufhaltsamen Schicksals. In eine Hangmulde geschmiegt, liegt das Dorf so still da, als träume es von seinen besseren Zeiten, als Dienerschaften noch die stolzen Palazzi belebten und die erfolgreichen Signori Pedrazzini ihren verdienten Ruhestand genossen. Das war im 18. Jahrhundert. Mittlerweile stehen viele Häuser leer, und man kann dem Boden unter seinen Füßen nicht mehr trauen: Die ganze Mulde rutscht auf lehmigen Schichten der Schlucht entgegen.

Sechs Meter höher und an die dreißig Meter nördlich hat der Kirchturm vor rund einem Jahrhundert noch gestanden – eine gefährliche ›Talfahrt‹. Bis das Dorf den Rand zur Rovana-Schlucht erreicht, dürften freilich noch einige Jahrhunderte vergehen. Der Bürgermeister hat gegenwärtig dringendere Sorgen in seiner aussterbenden Gemeinde.

## Jahrmarkt in Cevio

Obwohl nie mehr als ein paar hundert Einwohner zählend – derzeit sind es kaum 500 –, ist Cevio ist der Hauptort des Tales. Seit alters zogen die Bergbauern in Tracht und gutem Sonntagswams an den Zusammenfluß von Rovana und Maggia zum Jahrmarkt. ›La fera‹ hieß das, und nach dem Schuhkauf oder mit neuem Werkzeug in der Tasche leisteten sie sich ihren Becher Wein.

Bergbauernkultur ist im Talmuseum beispielhaft zu sehen. Grundsolides Gerät, für Jahrzehnte geschaffen. Da gibt es zum Beispiel den Tresor der Korporation Lavizzara, eine Holzkiste mit schweren Beschlägen. In ihr wurde ab 1617 das Vermögen der oberen Talgemeinschaft eingeschlossen.

Trotz eidgenössischer Herrschaft verteidigten die Maggiesi ein Gewohnheitsrecht auf Selbstverwaltung. Die

△ Auch noch für Dächer: Granitsteinbruch bei Riveo

△ Gneisbrocken in kristallklarem Wasser: die Maggia

›Avegno di fuori‹ ▽

△ Maggia: die Pfarrkirche San Maurizio

In der Zeit von Asphalt und Beton: kopfsteingepflasterter Dorfplatz von Maggia mit granitgedeckten Häusern ▽

Die Wassermassen der Schneeschmelzen hinterließen deutliche Spuren: das breite Flußbett der Maggia bei Someo ▽

Gerichtsbarkeit indessen blieb den Vögten vorbehalten. Sie übten sie für jeweils zwei Jahre aus, versuchten dabei ihre Privatschatulle aufzubessern und beendeten ihre Karriere stets jenseits der Alpen. Terror übten die wenigsten aus; jemand wie Wilhelm Tell war daher kaum gefragt. Doch als 1798 der letzte dieser eidgenössischen Statthalter Cevio verließ, schlug der angestaute Unmut dennoch in einen – allerdings eher symbolischen – Akt der Zerstörung um: Mit Genuß zerkratzten die Bürger Cevios die Dynastenwappen am ›Pretorio‹, dem Gerichtsgebäude. Das dient übrigens wieder ähnlichen Zwecken wie damals: Hier sitzt die Ortspolizei.

## Der Heilige des Käses

Sie scheint sich selbst zu genügen, die Mutterkirche des Tals. Außerhalb von Maggia steht sie einsam auf dem Feld, steht so seit Kaiser Barbarossas Zeiten: Santa Maria delle Grazie in Campagna, ›Auf dem Felde‹ also. Unter den volkstümlichen Renaissance-Malereien, die ihre Wände ungewöhnlich üppig füllen, ist auch Luguzonus zu entdecken, im Volksmund der ›Heilige des Käses‹ genannt. Er tritt an der Südwand auf, von Viktor und Rochus begleitet. Als Attribute trägt er Messer und Käse in der Hand.

Nur im Tessin bekannt, soll Luguzonus weniger durch Frömmigkeit aufgefallen sein als durch die wunderbare Gabe, aus der Milch doppelt soviel Käse herzustellen wie andere Sennen. Kollegenneid wurde ihm denn auch zum Verhängnis: Obschon er seine Überschüsse an die Armen verschenkte (oder gerade deshalb?), wurde er eines Tages umgebracht. Und ist seither wohl für die himmlischen Käsebuffets zuständig.

## Kühle Welt der Grotti

Das Wohlwollen des Luguzonus dürfte wohl auch den Grotti gelten. Sie säumen die Straße an der Maggia und locken mit rustikalen Genüssen. Die Urform des Grotto ist ein Felskeller für den Wein, luftig und kühl, wo Freunde den jungen Tropfen kosten. Die Wandlung zum Wirtshaus liegt auf der Hand. Und da Fremde nicht den Spürsinn von Höhlenforschern besitzen, sind die Grotti an die Straße gerückt. Unter schattigen Bäumen bieten sie an Steintischen Wein und deftige Speise: Wurst, Käse, Bauernbrot und, wenn man Glück hat, Kastanien. ›Salute!‹

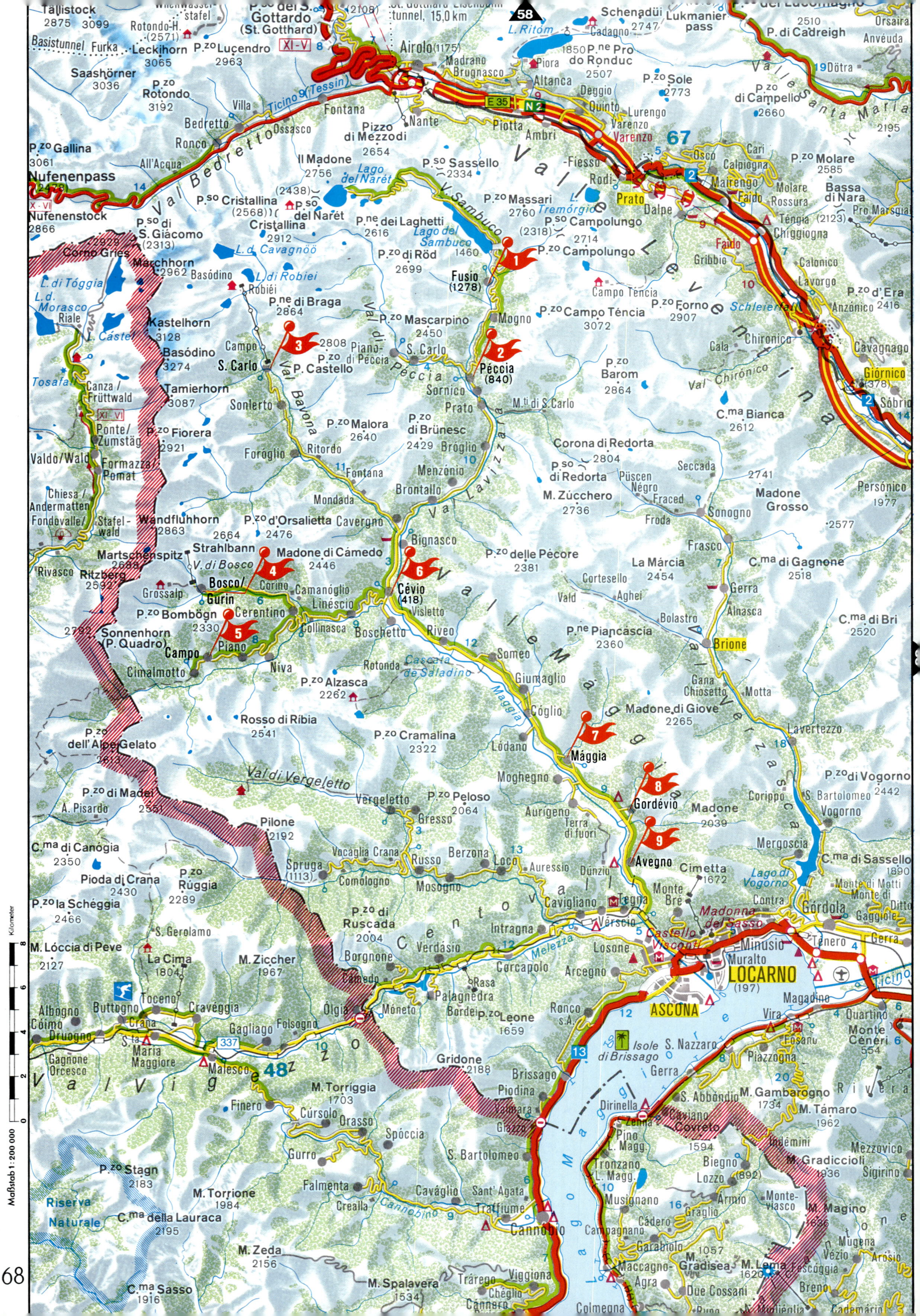

Airolo (1175)
58
L. Ritom
Piora
Altanca
Schenadüi
Lukmanier pass
P. di Cadreigh
Pizzo di Mezzodi 2654
Val Bedretto
Ticino (Tessin)
Fontana
Bedretto
Ronco
Ossasco
All'Acqua
Villa
P.zo Rotondo 3192
Saashörner 3036
Leckihorn 3065
P.zo Lucendro 2963
Basistunnel Furka
Rotondo-H. (2571)
Gotthardo (St. Gotthard)
Nufenenpass
Nufenenstock 2866
P.zo Gallina 3061
Madrano
Brugnasco
Nante
Piotta
Ambri
Deggio
Quinto
Varenzo
Lurengo
P.zo Sole 2773
P.zo di Campello 2660
Dötra
E 35
N 2
67
Osco
Calpiogna
Mairengo
Faido
Molare
Rossura
P.zo Molare 2585
Bassa di Nara
Fiesso
Rodi
Prato
Dalpe
Tengia (2123)
Chiggiogna
Calonico
Lavorgo
P.zo d'Era 2416
Anzonico
Cavagnago
Giórnico
Sóbrio
Chironico
Gribbio
Il Madone 2756
Lago del Narèt
P.so Sassello 2334
V. Sambuco
P.zo Massari 2760
Tremorgio
P.so Campolungo (2318)
P.zo Campolungo 2714
P.so Cristallina (2568)
P.so del Narèt
Cristallina 2912
P.so di S. Giácomo (2313)
L. d. Cavagnöö
L. di Robiei
Robiei
Basódino
Marchhorn 2962
Corno Gries
L. di Tóggia
L. d. Morasco
Riale
Kastelhorn 3128
Basódino 3274
Tamierhorn 3087
Tosafall
Canza / Früttwald
Ponte / Zumstäg
Valdo / Wald
Formazza / Pomat
Chiesa / Andermatten
Fondovalle / Stafelwald
P.zo Fiorera 2921
P.ne dei Laghetti 2616
Lago del Sambuco
P.zo di Röd 2699
Fusio (1278)
P.ne di Braga 2864
P.zo Mascarpino 2450
Mogno
Piano di Péccia
S. Carlo
P.zo di Péccia
Péccia (840)
Val di Péccia
Campo Téncia
P.zo Campo Téncia 3072
P.zo Forno 2907
Valle Leventina
Schleierfall
P.zo Barom 2864
Val Chirónico
C.ma Bianca 2612
Sornico
Prato
M.ti di S. Carlo
Campo
S. Carlo
P. Castello
Val Bavona
Sonlerto
Foróglio
Ritorno
P.zo Malora 2640
P.zo di Brünesc 2429
Bróglio
Fontana
Menzónio
Brontallo
Val Lavizzara
Corona di Redorta 2804
P.so di Redorta
Seccada
Püscen Négro
Fraced
M. Zúcchero 2736
Madone Grosso
Persónico 1977
Sonogno
Froda
Frasco
Wandfluhhorn 2863
P.zo d'Orsalietta 2476
Mondada
Cavergno
Bignasco
Strahlbann
Martschenspitz
V. di Bosco
Madone di Cámedo 2446
Cévio (418)
Valle Maggia
P.zo delle Pécore 2381
La Márcia 2454
C.ma di Gagnone 2518
Rivasco
Ritzberg
Grossalp
Bosco / Gurin
Corino
Camanóglio
Linéscio
Cerentino
Collinasca
Boschetto
Visletto
Riveo
Cortesello
Aghei
Gerra
Alnasca
P.zo Bombögn 2330
Sonnenhorn (P. Quadro)
Campo
Piano
Cimalmotto
Niva
Rotonda
Cascata de Saladino
Someo
P.ne Piancáscia 2360
Bolastro
Brione
C.ma di Bri 2520
P.zo Alzasca 2262
Giumaglio
Gana
Chiosetto
Motta
Valle Verzasca
Rosso di Ribia 2541
Cóglio
Madone di Giove 2265
Lavertezzo
P.zo dell'Alpe Gelato 2613
P.zo Cramalina 2322
Lódano
Mággia
Moghegno
Gordévio
Madone 2039
Corippo
S. Bartolomeo
P.zo di Vogorno 2442
Vogorno
Val di Vergeletto
Vergeletto
P.zo Peloso 2064
Gresso
Aurigeno
Terra di fuori
Avegno
Mergoscia
P.zo di Madei
A. Pisardo
Pilone 2192
C.ma di Canógia 2350
Pioda di Crana 2430
P.zo Rúggia 2289
P.zo la Schéggia 2466
Spruga (1113)
Vocaglia Crana
Comologno
Russo
Berzona
Mosogno
Loco
Auressio
Dunzio
Cimetta 1672
Monte Brè
Lago di Vogorno
C.ma di Sassello 1890
Contra
Gordola
Tenero
Centovalli
Cavigliano
Tegna
Verscio
Intragna
Madonna del Sasso
Castello Visconti
Minusio
Muralto
LOCARNO (197)
Losone
Arcegno
ASCONA
Magadino
Quartino
Monte Ceneri 554
Vira
Fosano
S. Gerolamo
P.zo di Ruscada 2004
Verdásio
Borgnone
Camedo
Palagnedra
Rasa
Bordei
P.zo Leone 1659
Corcapolo
Ronco s.A.
M. Lóccia di Peve 2127
La Cima 1804
M. Ziccher 1967
Toceno
Craveggia
Olgia
Móneto
Albogno
Coimo
Druogno
Buttogno
Crana
S.ta Maria Maggiore
Gagliago
Folsogno
Malesco
Gagnone
Orcesco
Valle Vigezzo
Isole di Brissago
S. Nazzaro
Gerra
Piazzogna
Gridone 2188
Brissago
Piodina
Vámara
M. Torriggia 1703
Finero
Cúrsolo
Orasso
Spóccia
S. Abbóndio
M. Gambarogno 1734
M. Támaro 1962
Dirinella
Caviano
Covreto
Pino L. Magg.
Tronzano L. Magg.
Indémini
Biegno
Lozzo (892)
S. Bartolomeo
Gurro
Falmenta
Crealla
Cavaglio
Sant'Agata
Traffiume
Cannobino
Cannobio
Lago Maggiore
M. Gradiccioli 1936
Sigirino
Mezzovico
Musignano
Cádero
Graglio
Armio
Monteviasco
M. Magino
P.zo Stagn 2183
M. Torrione 1984
Riserva Naturale
C.ma della Lauraca 2195
M. Zeda 2156
Campagnano
Garabiolo
M. Spalavera 1534
Trárego
Viggiona
Chéglio
Cannero
Maccagno
Agra
Gradisca 1057
M. Lema 1620
Due Cossani
Fescóggia
Breno
Mugena
Vézio
Arosio
Colmegna
Maßstab 1 : 200 000
Kilometer

# Wo gibt es was?

Fähnchennummer = Textnummer ❶ = Auskunft

## Fusio ①

Oberstes Maggiadorf (1280 m) mit etlichen Holzhäusern. Wanderrouten über den Passo Campolungo oder Passo Sassello in die Leventina; über Passo dei Sassi ins Bedrettotal. Zimmer im ›Pineta‹ und im ›Antica Osteria Dazio‹.
❶ siehe Maggia.

## Peccia ②

Bergdorf im Lavizzaratal, am Oberlauf der Maggia. Überschwemmungen im letzten Jahrhundert haben nur wenige Häuser und die bis ins Mittelalter zurückreichende Pfarrkirche überdauert. Am Elektrizitätswerk sind außerdem gerettete Renaissancefresken angebracht. Im Pecciatal die einzigen echten Marmorsteinbrüche der Schweiz sowie ein paar intakte Weiler. Gerichtshaus in *Sornico*. Unterkunft bietet das ›Monaci‹ im Ortsteil San Carlo.
❶ siehe Maggia.

## San Carlo im Bavonatal ③

Oberster Ort (940 m) des herben Bavonatals und Ausgangspunkt der Luftseilbahn ins Robiei-Gebiet. Waldkapelle ›La Presa‹ mit spätgotischen Fresken. *Robiei* ist die Bergstation der Luftseilbahn aus dem Bavonatal. Auf rund 2000 m Höhe hochalpine Matten und mehrere Stauseen. Modernes Hotel ›Albergo Robiei‹, jedoch wie die Seilbahn nur von Mitte Juni bis Ende der ersten Oktoberwoche geöffnet.
Aussichtsreiche markierte Wanderrouten ins italienische Val Formazza (und von dort über den Passo di San Giacomo nach All'Acqua, Bedretto), über den Passo Cristallina ins Bedrettotal, über den Passo del Naret ins benachbarte Valle di Peccia oder via Sambucosee ins obere Lavizzaratal. Alles mit entsprechender Ausrüstung, jedenfalls in hohen Schuhen – im eigenen Interesse. Zünftige Wanderer übernachten in San Carlo im ›Ristorante Basodino‹ und brechen zu den angegebenen Routen von dort aus auf.
❶ siehe Maggia.

## Bosco/Gurin ④

Höchstgelegene Dauersiedlung (1500 m) und der einzige traditionell deutschsprachige Ort des Tessins. Im 12./13. Jh. von Walsern aus dem Oberwallis besiedelt. An einigen der typischen Holzhäuser Sinnsprüche in altertümlichem Alemannisch.
In einem der Blockbauten, dem Walserhaus, ist ein Museum eingerichtet: Gerät zur Alpwirtschaft und Wohnkultur sowie Dokumente zur Ortsgeschichte; eine Kuriosität ist der ›Seelenbalken‹, durch den man die Seele eben Verstorbener freizulassen pflegte (geöffnet Mai bis Okt. di bis sa und sonntagnachm.).
Pfarrkirche 1253 geweiht, barockisiert, Chor aus dem 19. Jh. Die Kapelle Maria zum Schnee von 1726 erinnert an eine der häufigen Lawinenkatastrophen, die viele Todesopfer forderten.
Wanderrouten ins Campo- und Antigoriotal. Skilift auf die Großalp (2000 m). Langlaufloipen. Unterkunft im Restaurant ›Edelweiß‹.
❶ siehe Maggia.

## Campo ⑤

Hauptort des bei Cevio abzweigenden gleichnamigen Tals (1300 m). Geld kam im 18. Jh. ins Dorf, als die Familie Pedrazzini im Ausland ihr Glück machte. Ihre Palazzi, um 1750 gebaut, verleihen dem Kern urbanen Charakter.
Barockisierte Pfarrkirche, bemalte Balkendecke (15. Jh.); barocke Kreuzwegstationen. Das schöne Ortsbild ist durch Erdrutsche stark gefährdet.
Zu Campo gehört auch *Cimalmotto*, das hinterste Dorf im Tal. Auch hier barocke Pracht in Kirche und Wegkapellen. Einfache Zimmer im ›Ristorante Alpina‹.
Campo wie Cimalmotto sind Ausgangspunkte für Paßwanderungen in die benachbarten Täler von Bosco/Gurin und Vergeletto sowie das italienische Valle Antigorio.
❶ siehe Maggia.

## Cevio ⑥

Historischer Hauptort (seit 1403), jahrhundertelang (1523 bis 1798) abwechselnd mit Sornico Vogteisitz und trotz seiner geringen Größe (1980 nur 440 Einwohner) erstaunlich reich an Repräsentationsbauten.
Am weiten, begrünten Dorfplatz der ehemalige Vogteisitz, ein Palazzo des 17. Jh., leider stark verändert und der Öffentlichkeit nicht zugänglich. Im ›Pretorio‹, dem Gerichtsgebäude mit den Wappen der eidgenössischen Vögte, hat sich sinnigerweise die Ortspolizei eingenistet.
Das alte Ortszentrum befindet sich um die Pfarrkirche San Giovanni (16. Jh.) mit ihrem spätbarocken Beinhaus. In der nahen Häusergruppe – Palazzi der Potentatenfamilie Franzoni – befindet sich das Talmuseum: eine heimatkundliche Sammlung mit Hausrat, Trachten, Käserei-Utensilien, Heuschlitten, Weinkeller sowie einer Diaschau zur heutigen Bewirtschaftung der Alpweiden (geöffnet di bis sa und sonntagnachm.).
Am Eingang zur wilden Rovanaschlucht eine Brückenkapelle aus dem 17. Jh, deren Innenraum durch üppigsten Manierismus verblüfft. Unterkunft im ›Ristorante Posta‹ und im ›Ristorante Basodino‹. Schönes Kunsthandwerk (Artigianato) im Handwerkerzentrum.
Cevio ist ein idealer Ausgangspunkt für Wanderungen in den Seitentälern, die durch Postbuslinien erschlossen sind.
❶ siehe Maggia.

## Maggia ⑦

Namengebendes Dorf des Maggiatals. An der Straße Richtung Gordevio liegt eine der ersten Kirchen der Region: ›Santa Maria delle Grazie in Campagna‹. ›Auf dem Felde‹ heißt das, und so ist es auch. Gedrungener romanischer Bau mit Holzbalkendecke und umfangreichen Renaissancefresken (geöffn. dienstag- bis samstagnachm., Mai bis Mitte Okt.). In der Nähe vierbogige alte Steinbrücke.
Die Pfarrkirche trägt im wesentlichen die Züge des 18. und 19. Jh. Hübscher kopfsteingepflasterter Dorfplatz. Zimmer im ›Ristorante Poncini‹.
Wanderungen über den alten Paßweg ins Verzascatal (Brione) sind möglich, aber nur etwas für geübte Wanderer (Dauer ca. 9 Stunden).
❶ Ente turistico di Vallemaggia, CH-6673 Maggia.

## Gordevio ⑧

Sonniges Dorf vor allem für Freiluftferien: Bergwanderungen, Baden im Fluß. Lohnend sind auch Spaziergänge in den ›Saleggi‹, dem noch urtümlichen Auenwald der Maggia. In einem der Pfarrkirche angebauten Beinhaus aus dem 17. Jh. schöne Wandmalereien (1751).
Mehrere Pensionen; zwei Zeltplätze am Fluß mit allem Komfort.
❶ siehe Maggia.

## Avegno ⑨

Unterstes Dorf des Maggiatals, zweigeteilt in ›Avegno Chiesa‹ an der Kantonsstraße und ›Avegno di fuori‹ auf einem Sonnenhang.
Die Sandbänke der Maggia laden zum Sonnenbaden ein. Schwimmen für Abgehärtete ab Mai. Übernachtungsmöglichkeit im ›Ristorante Stazione‹. Guteingerichteter Zeltplatz ›Piccolo Paradiso‹ am Fluß.
Liebhaber rustikaler Gastronomie kommen in den Grotti ›Mai Morire‹ oder ›Al Bosco‹ bestimmt auf ihre Kosten: Tessiner Spezialitäten auf Granit-Tischen unter Kastanien.
❶ siehe Maggia.

Die mittelalterliche ›Ponte romano‹ überspannt unterhalb von Lavertezzo den smaragdgrünen Fluß.

# Die Verzasca und das ›Tal der grünen Wasser‹

Die Verzasca mit ihrem dunklen Wasser beherrscht bis heute die Tallandschaft, die ihren Namen trägt. Die Menschen mußten sich unterordnen. Nur langsam war der ungestüme Fluß zu besiegen – ein Anfang wurde mit dem Vogorno-Stausee gemacht. An die Steilhänge zwängen sich die kleinen alten Dörfer, darunter das denkmalgeschützte Corippo.

△ Immer wieder stürzen größere und kleinere Wasserfälle hinab in die Flußtäler, wie hier zur Verzasca im Val Vegorness ▽

△ Eine letzte Weite bei Sonogno im Verzascatal

△ ›Jugend und Tod‹ am Wegrand: Val d'Osola

Einst eine zurückgezogene Sommerresidenz, heute zum Besuch auffordernd: »Trattoria del Castello« in Brione ▽

Sonogno: Hinter dem schmucklosen, traditionellen Mauerwerk gibt es gutes Kunsthandwerk zu kaufen ▽

Vielleicht liegt es auch am Namen, daß viele das Verzascatal als kernigstes Tessin empfinden. Die Silben lassen an Wildbach, Wald und Steinschlag denken. Der Kontrast zum Vallemaggia ist augenfällig: Das ›Tal der grünen Wasser‹ ist dunkler, enger und herber. Es wird von seinem Fluß beherrscht. Windet sich die Maggia breit und behäbig auf den Lago Maggiore zu, so stürmt die Verzasca ihrem Stausee entgegen, den Gneis zu abstrakten Skulpturen polierend. Hat die eine mächtige Sandbänke aufgehäuft, gräbt sich die andere stets noch tiefer in ihr Bett.
Was konnte die Menschen einst in diese Wildnis locken? Nahrungsknappheit und Unfreiheit waren es. Eine unwirtliche Landschaft zu kolonisieren, verhieß einen Neubeginn, verbunden mit der Hoffnung auf eine bessere Zukunft. Die Grundherren des Mittelalters unterstützten solche Bestrebungen, waren doch urbarer Boden und entsprechende Zehnten-Abgaben durchaus in ihrem Interesse. Die Pioniere genossen dafür persönliche Freiheit und ein begrenztes Recht auf Selbstverwaltung.

## Wohnungswechsel programmiert

Das Verzascatal wurde erst im 13. Jahrhundert besiedelt. Und der Landbau blieb stets hart und unsicher. Selten reichte er aus, um alle Mäuler zu stopfen – selbst wenn die Bauern noch jedes Grasband an den Felswänden unter Lebensgefahr mähten, die Frauen Beeren, Pilze und Kastanien sammelten. Darum sicherten sie sich zusätzlich auch fruchtbares Land in der Magadino-Ebene, das Wein und Gemüse lieferte. Die Familien teilten sich auf zwischen Stammdorf, Tiefland und Alp, rackerten sich nach Kräften ab. Dennoch wanderten die Söhne aus, als Kaminfeger in die großen Städte, als Goldgräber nach Australien oder Kalifornien.

## Freizeitparadies

Wenn heute Rauch aus den kunstvollen Kaminen steigt, blubbert wahrscheinlich keine Polenta über dem Feuer, braten kaum Kastanien auf dem Rost. Eher ein Stück Rindfleisch aus dem Supermarkt, das sich Deutschschweizer Rentner gerade grillieren. Das Verzascatal hat die ›Aussteiger‹ in Scharen angezogen. Das einfache Leben ist aber oft nur äußerlich: Im Innern sind gekacheltes Bad, gediegene Spann-

△ Eine Herausforderung für Kanuten: die immer noch wilde Verzasca

Corippo: Gneis bestimmt das Ortsbild ▽

△ Corippo: Blick aus einem Fenster

Die Staumauer zähmt die Verzasca ▽

△ Aus dem bei Lavertezzo noch ungestümen, ›steinsägenden‹ Fluß Verzasca wird bei Vogorno der stille Lago di Vogorno ▽

teppiche zu erwarten, eine Sauna im ehemaligen Stall, und irgendwo markiert sicherlich auch eine Satellitenschüssel den Wandel der Zeiten. Das Tal ist ein bewohntes Freilichtmuseum geworden.
Und ein Freizeitparadies: Jeden Sommer wird es zum Ziel unzähliger Wanderer, Sonnenanbeter, Flußtaucher, Fischer und Wildwasserfahrer. Der Sound von Reggae und Rolling Stones zum Verzasca-Rauschen – warum eigentlich nicht? Hier war die Enge immer mit Weltoffenheit verbunden.

## Unter Denkmalschutz: Corippo

Eines der eindrucksvollsten Dörfer des Tessins ist Corippo am oberen Ende des Lago di Vogorno. Um kostbare Feldflur zu gewinnen, wurden die Häuser auf einen Steilhang gezwängt, sicher vor Hochwasser zwar, dafür aber arm an Sonne. Ein Zwergenreich, möchte man meinen, aber noch immer eine funktionierende Gemeinde. Die ›Casa Comunale‹ ist der Kleinheit des Dorfes und seinen Aufgaben angepaßt. Zur aufwendigen Sanierung wurden in den sechziger Jahren freilich Millionen Franken – nicht nur aus der Gemeindekasse – investiert. Der gesamte Ort steht nunmehr unter Denkmalschutz.

## Blick auf den Seegrund

Seit 1965 prallen die verspielten Fluten der Verzasca an die Mauer, die in Contra, schon in Sichtweite des Lago Maggiore, das Tal verriegelt. 220 Meter hoch ist die Betonwand. Jahre dauerte es, bis das Wasser der Krone der Staumauer nahekam, aber als die Turbinenschaufeln zu rotieren begannen und der erste Strom floß, markierte dies auch das Ende von Armut und Plackerei im Verzascatal.
Bis zu 200 Meter tief ist der Lago di Vogorno, der Stausee, der das Kraftwerk speist. In Trockenperioden tauchen immer mal wieder alte Feldterrassen und Häuserreste aus dem Wasserspiegel auf, bizarre Zeugen der Vergangenheit.
Was ging verloren? Leider die dramatischste Szenerie des Tals: die enge, steile Ausgangsschlucht mit überhängenden Felsen an der kurvenreichen Straße. Hier sah der Politiker Bonstetten 1797 die Talbewohner schwerbeladen über schwindelerregende Brücken zum Markt nach Locarno wandern, mit Käse, Butter, Leinentuch und Vieh.

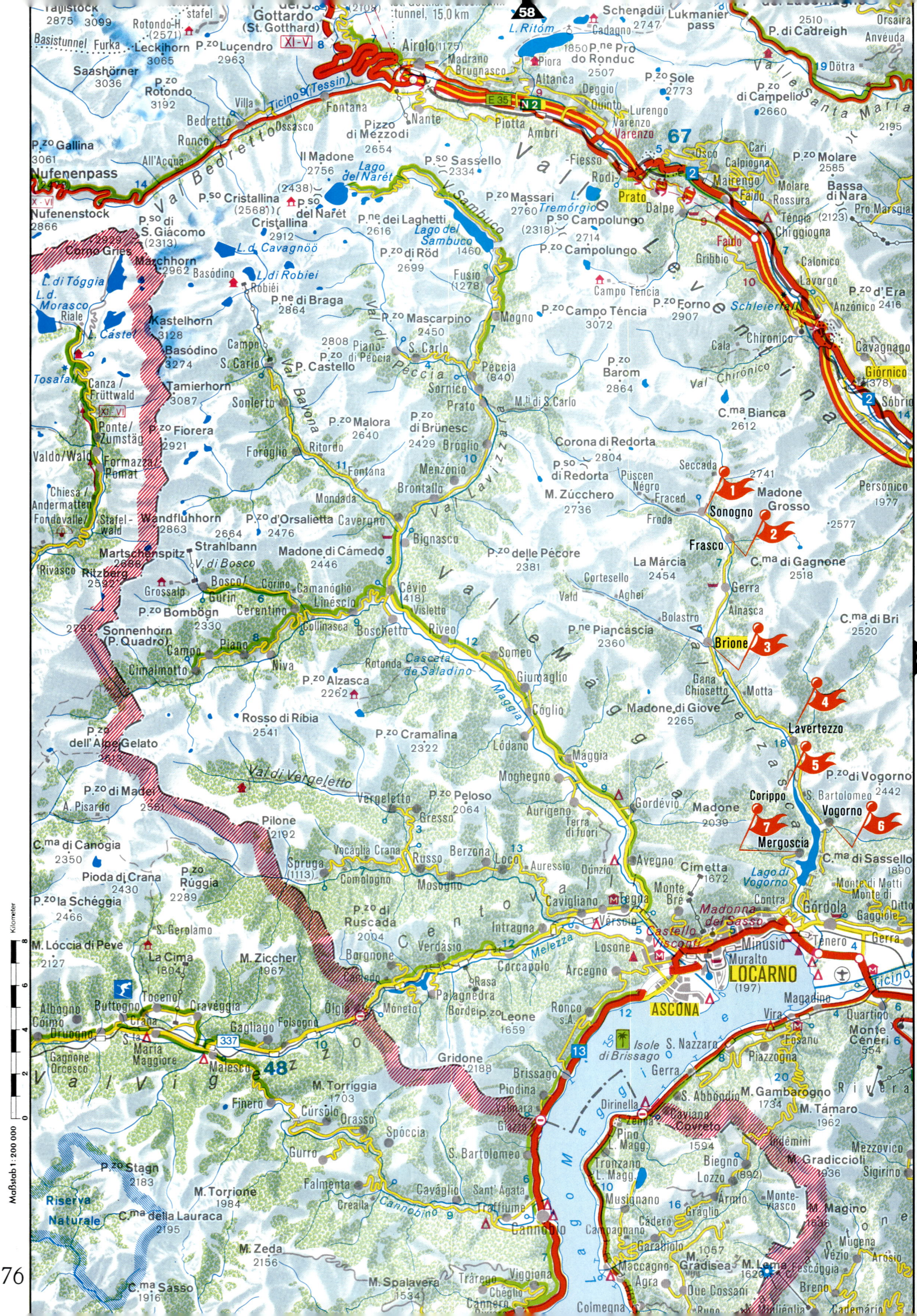

Gottardo (St. Gotthard)
tunnel, 15,0 km
58
Schenadüi 2747
Lukmanier pass
P. di Cadreigh
Orsaira
Anveuda
Rotondo-H. (2571)
Basistunnel Furka
Leckihorn 3065
P.zo Lucendro 2963
Airolo (1175)
L. Ritóm
Cadagno
Piora
P.ne Pro do Ronduc 2507
P.zo Sole 2773
P.zo di Campello 2660
Valle Santa Maria
Dötra
Saashörner 3036
P.zo Rotondo 3192
Villa
Ticino (Tessin)
Madrano
Brugnasco
Altanca
Deggio
Quinto
Lurengo
Varenzo
Bedretto
Fontana
Nante
Pizzo di Mezzodi 2654
Piotta
Ambrì
E 35
N 2
67
Ronco
Ossasco
P.zo Gallina 3061
All'Acqua
Val Bedretto
Il Madone 2756
Lago del Narét
P.so Sassello 2334
Valle Leventina
Fiesso
Rodi
Osco
Cari
Calpiogna
Mairengo
P.zo Molare 2585
Bassa di Nara
Nufenenpass
P.so Cristallina (2568)
P.so del Narét (2438)
V. Sambuco
P.zo Massari 2760
L. Tremórgio
Prato
Dalpe
Faido
Molare
Rossura
Nufenenstock 2866
P.so di S. Giácomo (2313)
Cristallina 2912
P.ne dei Laghetti 2616
Lago del Sambuco 1460
P.so Campolungo (2318)
P.zo Campolungo 2714
Téngia
Chiggiogna
Pro Marsgia
Corno Gries
Marchhorn 2962
L.d. Cavagnöö
P.zo di Röd 2699
Gribbio
Calonico
L. di Tóggia
L.d. Morasco
Riale
Basódino
L. di Robiei
Robiéi
P.ne di Braga 2864
Fusio (1278)
Campo Téncia
Lavorgo
P.zo d'Era 2416
Anzónico
Schleierfall
Kastelhorn 3128
L. Castel
P.zo Mascarpino 2450
Mogno
P.zo Campo Téncia 3072
P.zo Forno 2907
Chironico
Basódino 3274
Tosafall
Campo
S. Carlo
P. Castello
Piano di Péccia
2808
Val di Péccia
Péccia (840)
Cala
Cavagnago
Giórnico (378)
Sóbrio
Canza / Früttwald
Tamierhorn 3087
Sornico
Prato
P.zo Barom 2864
Val Chironico
Sonlerto
Val Bavona
M.ti di S. Carlo
C.ma Bianca 2612
Ponte / Zumstäg
P.zo Fiorera 2921
P.zo Malora 2640
P.zo di Brünesc 2429
Bróglio
Corona di Redorta 2804
Valdo / Wald
Formazza / Pomat
Foróglio
Ritordo
Fontana
Menzónio
P.so di Redorta
Seccada
Chiesa / Andermatten
Fondovalle / Stafelwald
Brontallo
Val Lavizzara
Püscen Négro
Fraced
Madone Grosso 2741
Persónico 1977
Mondada
M. Zúcchero 2736
Froda
Sonogno
Wandfluhhorn 2863
P.zo d'Orsalietta 2476
2664
Cavergno
Bignasco
2577
Frasco
Martschenspitz 2686
Strahlbann
V. di Bosco
Madone di Cámedo 2446
P.zo delle Pécore 2381
La Mármia 2454
C.ma di Gagnone 2518
Rivasco
Ritzberg 2592
Grossalp
Bosco / Gurin
Corino
Camanóglio
Linéscio
Cévio (418)
Visletto
Cortesello
Aghei
Vald
Gerra
Alnasca
P.zo Bombögn 2330
Cerentino
Collinasca
Boschetto
Riveo
Bolastro
P.ne Piancáscia 2360
C.ma di Bri 2520
Sonnenhorn (P. Quadro)
Campo
Piano
Valle Maggia
Someo
Brione
2792
Cimalmotto
Niva
Rotonda
Cascata de Saladino
Giumaglio
Gana
Chiosetto
Motta
P.zo Alzasca 2262
Maggia
Cóglio
Madone di Giove 2265
Rosso di Ribia 2541
Val Verzasca
Lavertezzo
P.zo dell'Alpe Gelato 2613
P.zo Cramalina 2322
Lódano
Maggia
P.zo di Vogorno
Val di Vergeletto
Moghegno
Gordévio
Corippo
S. Bartolomeo 2442
P.zo di Madei
A. Pisardo 2551
Vergeletto
P.zo Peloso 2064
Aurigeno
Terra di fuori
Madone 2039
Vogorno
Pilone 2192
Gresso
Mergoscia
C.ma di Canogia 2350
Vocáglia Crana
Russo
Berzona
Loco
Auressio
Dúnzio
Avegno
Cimetta 1672
C.ma di Sassello 1890
Spruga (1113)
Comologno
Mosogno
Lago di Vogorno
Pioda di Crana 2430
P.zo Rúggia 2289
Centovalli
Cavigliano
Tegna
Monte Brè
Madonna del Sasso
Contra
Górdola
Monte di Motti
Monte di
Gaggiole
P.zo la Schéggia 2466
P.zo di Ruscada 2004
Intragna
Verscio
Castello Visconteo
Minusio
Tenero
Gerra
S. Gerolamo
Verdásio
Melezza
Losone
Muralto
M. Lóccia di Peve 2127
La Cima 1804
M. Ziccher 1967
Borgnone
Corcapolo
Arcegno
LOCARNO (197)
Ticino
Cámedo
Rasa
Palagnedra
Bordei
P.zo Leone 1659
Ronco s.A.
ASCONA
Magadino
Albogno
Coimo
Druogno
Buttogno
Toceno
Craveggia
Crana
Olgia
Moneto
Folsogno
Vira
Quartino
Monte Céneri 554
S.ta Maria Maggiore
Gagliago
337
Isole di Brissago
S. Nazzaro
Fosano
Gagnone
Orcesco
Valle Vigezzo
Malesco
48
Gridone 2188
Brissago
Gerra
Piazzogna
Rivera
Piodina
Valmara
M. Torriggia 1703
Finero
Cúrsolo
Orasso
Dirinella
Zenna
S. Abbóndio
M. Gambarogno 1734
Caviano
Covreto
M. Támaro 1962
Spóccia
Pino L. Magg.
Indémini
Mezzovico
Gradiccioli 1936
Sigirino
Gurro
S. Bartolomeo
Tronzano L. Magg.
1594
Biegno
Lozzo (892)
P.zo Stagn 2183
M. Torrione 1984
Falmenta
Caváglio
Sant' Agata
Trarfiume
Musignano
Armio
Monte-viasco
M. Magino
Riserva Naturale
C.ma della Lauraca 2195
Crealla
Cannobino
Cannobio
Lago Maggiore
Cádero
Graglio
Campagnano
Garabiolo
M. Zeda 2156
Maccagno
1057
Gradisca
M. Lema 1620
Pescóggia
Mugena
Vézio
Arosio
C.ma Sasso 1916
M. Spalavera 1534
Trárego
Viggiona
Cheglio
Cannero
Agra
Due Cossani
Breno
Colmegna
Maßstab 1:200 000
Kilometer

# Wo gibt es was?

Fähnchennummer = Textnummer   ℹ = Auskunft

## Sonogno ①

Oberstes Dorf des Verzascatals (930 m), das seinen Charakter trotz des angewachsenen Touristenstroms bislang einigermaßen bewahren konnte, auch wenn einiges etwas zu gepflegt und geschönt erscheint.
Pfarrkirche Santa Maria di Loreto, ein Zentralbau aus dem 19. Jh.; hübsch eine Anbetung der Hirten in lokaler Tracht. In einem typischen Haus mit Holzbalken ist das ›Museo di Valle Verzasca‹ untergebracht, mit bäuerlichem Hausrat, Geräten zur Milchwirtschaft, Hanfverarbeitung, Trachten und religiöser Volkskunst (geöffnet Juli bis Sept. jeden Nachmittag).
Wenn es plötzlich nach frischem Backwerk duftet in den Gassen: Der alte Gemeindebackofen kommt wieder zu Ehren. Gutes Kunsthandwerk ist im ›Artigianato Pro Verzasca‹ zu kaufen: etwa handgesponnene, mit Naturprodukten gefärbte Wolle, fertige Strickwaren, Holzarbeiten, Keramik – Produkte traditionellen Gewerbes.
Leichte Wanderungen im Val Redorta und im Val Vegorness, wo der Laubwald Lärchen Platz gemacht hat und Wasserfälle rauschen. Ganztagstouren über Vegorness- und Chironicotal in die Leventina; über Redorta- und Pertüstal zur Maggia. Unterkunft im ›Ristorante Alpino‹.
ℹ siehe Vogorno.

## Frasco ②

Kleiner, in jeder Hinsicht ›steiniger‹ Ort mit fast zu groß geratener, im 19. Jh. barockisierter Kirche. Ältere Kreuzwegkapellen um den Friedhof. Fresken an einigen Häusern.
Pfad in die Efra-Schlucht mit Wasserfall (besonders schön im Frühsommer, zur Zeit der Schneeschmelze). Über der Efra-Alp gleichnamiger See (1840 m) in unverfälschter alpiner Landschaft.
Komfortable Zimmer im ›Ristorante Froda‹ in Gerra.
ℹ siehe Vogorno.

## Brione Verzasca ③

Hauptort des oberen Talabschnitts, der sich hier, nach einer Schlucht mitten durch Bergsturztrümmer, wieder weitet.
Pfarrkirche Santa Maria Assunta (im 17. Jh. weitgehend erneuert) mit bedeutenden Fresken der Giotto-Schule, entstanden um 1350; besonders anschaulich-naiv wirkt dabei die Abendmahlszene mit einem kleinen Lamm in der Schüssel, daneben befindet sich ein schlafender Jünger.
In der Nähe das ›Castello dei Marcacci‹, Sommerresidenz einer Locarneser Patrizierfamilie aus dem 18. Jh. Zutritt heutzutage erwünscht: Die ›Trattoria del Castello‹ bietet Speisen in stimmungsvollem Ambiente.
Leichte und schöne Wanderungen ins Valle d'Osola sowie flußaufwärts nach Sonogno.
ℹ siehe Vogorno.

## Lavertezzo ④

Wie ein Schiffsbug scheint sich die Pfarrkirche Madonna degli Angeli aus dem 15. und 16. Jh. gegen den Talausgang zu stemmen. Sie erfuhr Veränderungen im 18. und 19. Jh. Auf dem Friedhof stehen einige Grabkreuze aus Schmiedeeisen, wohl aus der Barockzeit.
Hauptsehenswürdigkeit ist jedoch die Verzasca. Der grünliche Serezitgneis, der hier zu modernen Liegeskulpturen zurechtgeschliffen scheint, läßt das ›grüne Wasser‹ (Verzasca kommt von ›verde acqua‹) wie Smaragde leuchten. Eine wildromantische Szenerie, die zum Sonnenbaden einlädt. Nur: Die Idee haben auch andere – an warmen Sommertagen gibt es Parkplatzprobleme. Wer also Ärger, Zeitverlust und ein überhitztes Vehikel vermeiden will, benützt besser den Postbus (ab Locarno). Das Wasser wird nie sehr warm; zur Zeit der Schneeschmelze bis in den Juni hinein kann es Schwimmfreunde abschrecken; Vorsicht beim Eintauchen, der Fluß reißt oft mehr, als es scheint, und es gibt gefährliche Strudellöcher.
Wenige Minuten flußabwärts ein ›Ponte romano‹: Die kühn geführte Zweibogenbrücke ›Ponte dei Salti‹ stammt jedoch nicht aus römischer Zeit, sondern aus dem Spätmittelalter. Schön gelegenes Grotto in der Nähe.
Wanderwege nach Brione und Corippo sowie in die urtümlichen Seitentäler.
Komfortable Zimmer im ›Ristorante Posse‹ und in der ›Osteria Vittoria‹.
ℹ siehe Vogorno.

## Corippo ⑤

Kleines, steiles und äußerst kompaktes Dorf über dem oberen Ende des Vogornosees mit höchst beeindruckendem Ortsbild. In den schmalen, kopfsteingepflasterten Gassen zwischen den gedrungenen, aus schweren Gneisplatten gefügten ›Rustici‹ fühlt man sich wie in einer anderen, archaischen Welt.
Corippo war bis ins vergangene Jahrhundert hinein ein Zentrum der Hanfverarbeitung und Leinenweberei. In den sechziger Jahren mit großem Aufwand restauriert, steht der Ort heute unter Bundesdenkmalschutz.
Freskenschmuck an manchen Häusern; die ehemalige Pfarrkirche Madonna del Carmine (ursprünglich 16. Jh.) hauptsächlich im Stil des 18. Jh. ausgebaut. Alte Backöfen; am Dorfbach Lavadosa, der schäumend zu Tal rauscht, die Überreste zweier Mühlen.
Begrenzte Übernachtungsmöglichkeit in der ›Osteria Corippo‹ (nur vier Betten, Reservierung also unumgänglich, Telefon 093/671871); dort empfehlenswerte Hausmannskost.
Zwergenhaft wie das Dorf sind die Parkflächen; Wagen also besser im Tal lassen und zu Fuß hinaufsteigen (eine knappe Viertelstunde).
Die Wanderwege nach Mergoscia sowie talaufwärts – bis Brione – sind auch im Hochsommer ein Genuß, da überwiegend durch Wald führend.
ℹ siehe Vogorno.

## Vogorno ⑥

Nach den Palmen, Blumen- und Weingärten von Tenero oder Gordola tut sich am (künstlichen) *Lago di Vogorno* eine völlig andere Welt auf – eine aus Stein. Vogorno ist der erste Ort des Verzascatals und besteht aus mehreren Weilern am sonnigen Osthang.
San Bartolomeo ist die älteste Kirche des Tals (1225), beherbergt mittelalterliche Fresken an der Nordwand, ist im übrigen im 17. Jh. barockisiert worden.
Die Verzasca wird seit 1965 aufgestaut. Bei Niedrigwasser ragen Haustrümmer gespenstisch aus dem Wasser auf. Mit 220 Meter zählt der Staudamm ›La Selvatica‹ zu den höchsten Europas.
Komfortable Zimmer und gepflegte Tessiner Küche im ›Ristorante Al Lago‹.
Wanderwege talaufwärts und auf den Pizzo di Vogorno (2442 m); die 2000 m Höhendifferenz gehen allerdings in die Knochen!
ℹ Ente turistico Tenero e Valle Verzasca, Via ai Giardini, CH-6598 Tenero.

## Mergoscia ⑦

Das südexponierte Ferien- und Weinbauerndorf genießt ein besonders mildes Klima und den kaum in Geld umzusetzenden Vorzug, geographischer Mittelpunkt des Tessins zu sein. Ein Zirkel, eingesteckt auf dem Dorfplatz Mergoscias, berührt also in einer Kreislinie auf der Landkarte den südlichen Grenzort Chiasso ebenso wie den Piz Medel im Nordosten oder den Nufenenpaß zum Kanton Wallis.
In einer reizvollen, etwa vierstündigen Wanderung (teilweise durch Kastanienwälder) von Locarno aus erreichbar.
Keine Übernachtungsmöglichkeit, doch das Geometrie-Experiment läßt sich ja ebensogut zu Hause durchführen.
ℹ siehe Vogorno.

Bei Palagnedra, kurz hinter der italienisch-schweizerischen Grenze, bändigt ein Stausee die wilde Melezza. Die trügerisch ruhige Wasserfläche endet aber an der Staumauer.

# *Hundert Täler und ein Paradies*

Centovalli, Hundert Täler, nennt sich das rauhe Umland der Melezza, die mit einem Stausee gebändigt wurde. Der dort gewonnene Strom treibt auch die Maschinen, an denen die Talbewohner nunmehr auswärts ihr Brot verdienen. Umgekehrt finden großstadtmüde Zeitgenossen Naturnähe sowie einen Hauch von Abenteuer in den Locarneser Tälern. Und die Sonne scheint hier mehr als nördlich der Alpen – mit dem Paradiesgarten des Pedemonte als Ergebnis.

△ Verscio: In der alten Casa Leoni residiert der Pantomime Dimitri

△ Am Eingang des Centovalli: Intragna mit seinem hoch aufragenden Kirchturm

△ Unter noch schneebedeckten Gipfeln . . . . . . Verdasio im Centovalli ▽

△ Pantomimentheater Dimitri

Bei Corcapolo ▽

Hundert Täler‹ bedeutet der Name Centovalli und läßt eher an eine weiträumige Landschaft denken als an einen kleinen Talabschnitt von gerade mal zehn Kilometer Länge. Doch blickt man spätnachmittags talaufwärts, tritt im Gegenlicht Bergfuß um Bergfuß hervor und vermittelt so tatsächlich die Illusion einer endlosen Reihe kleiner Talmündungen. Und zählt man die Wildbäche nach, kommt man doch auf beachtliche vierzig Stück. Von der Melezza, dem Hauptfluß, ist dagegen nur wenig zu sehen. Eigenbrötlerisch sägt sie tosend tief unten an ihrem Flußbett.

## Fortschritt für ›Hinterwäldler‹

Der Fortschritt schien programmiert: 79 Brücken wurden für die Centovalli-Bahn gebaut, 24 Tunnels gebohrt, um das Tal dem Durchgangsverkehr zu öffnen und eine ganzjährig passierbare Verbindung vom Simplon zum Gotthard zu schaffen. Zehn Jahre dauerten die Arbeiten an diesem – gemessen an den damaligen technischen Möglichkeiten – anspruchsvollen Projekt, bis im Jahr 1923 die Linie eröffnet werden konnte.

Die Bewohner sahen die Züge wohl ihr Tal durchkurven, profitierten jedoch kaum davon. Höchstens fiel ihnen das Auswandern noch leichter als die Jahrhunderte zuvor. Die malerischen Dörfer bluteten aus – Romantik macht eben nicht satt. Schulen und Läden mußten geschlossen werden, die Alpweiden verkrauteten, die geflochtenen Tragkörbe vergammelten in den Kellern. Dafür waren die Centovallesi als Kaminfeger weithin bekannt.

## Neues Leben für ›Maiensäße‹

Während die Talbewohner den Komfort der Städte suchten, entdeckten zivilisationsmüde Nordschweizer die kleine Welt im Grünen wieder. Landkommunen pressen Ziegenkäse, ziehen Reben und verkaufen Honig, der nach Wiesenblumen riecht.

Die alten ›Maiensäße‹ – die oberhalb der Dörfer gelegenen Weiler für den Sommer – blühen wieder auf, die meisten allerdings nur als ebenso rustikale wie idyllische Ferienhäuser. Es ist ›in‹, ein ›Rustico‹ zu haben – aber auf Komfort und Bequemlichkeit mag man natürlich nicht verzichten. Und deshalb wird der Zement schon mal mit dem Helikopter hochbefördert…

△ Immer enger wird es: vom Onsernonetal beim südländisch wirkenden Loco . . . . . . ins Vergelettotal ▽

△ ›Sensationsbilder‹ im ›Museo Onsernone‹ in Loco

△ Hoch über dem Tal: der Friedhof von Loco

△ In der Fremde verdient: Palazzi in Comologno

Bizarre Welt: Maggiabett bei Ponte Brolla ▽

## Verlorene Seele am Gridone

Wenn der Südwind durch die Kastanienkronen bläst und heftig an den Fensterläden rüttelt, dann glauben die Alten des Pedemonte Schreie zu hören. Vom Monte Gridone sollen sie stammen.

Streit gab es einstmals, wie oft unter Hungerleidern. Um ein kleines Waldstück zwischen Golino und Losone. Mit einem Trick vermochten es die Losoner an sich zu bringen. Doch der Betrug bekam seinem Urheber schlecht: Klagend soll sein Geist später durch jenen Wald geirrt sein und Mensch und Tier verschreckt haben. Der Pfarrer konnte ihn bloß vertreiben, aber nicht erlösen. Auch heute noch erklingt vom Monte Gridone manchmal sein schauerliches Heulen. Bei Südwind…

## Der Paradiesgarten des Tessins

Wie ein Balkon ragt das Pedemonte über die Melezza-Aue hervor. Ein älterer Talboden, nach Süden gewandt, erscheint es wie ein Paradiesgarten zwischen den schroffen Gipfeln und tiefen Schluchten der Umgebung. Große, süße Trauben reifen in den Weingärten; Feigenbäume, Obst und Gemüse gedeihen unter sorgfältiger Pflege. Der Duft von Rosen, Flieder und Jasmin liegt an lauen Frühsommerabenden betäubend über den herausgeputzten Dörfern Tegna, Verscio, Cavigliano. Lachen von den Wirtshaustischen im Freien, ›Nostrano‹ im Boccalino zu Alpkäse oder Bauernschinken – hier läßt sich verweilen!

## Ein Märchen von Strohflechtern

Dichter Wald beherrscht das Onsernonetal. Die Dörfer wirken wie Lichtungen darin, und man würde sich kaum wundern, hier rußgeschwärzten Köhlern zu begegnen.

Daß hier einmal ein Stück Modegeschichte geschrieben wurde, klingt wie ein Märchen. Doch wenn sich das europäische Großbürgertum zur Zeit des Fin de siècle, um die Jahrhundertwende also, in den mondänen Badeorten und Sommerfrischen von Karlsbad bis Spa traf, dann trug es Accessoires aus den Händen der Onsernonesi: luftige Strohhüte, elegante Taschen, schickes Reisegepäck. Das ganze Tal flocht Stroh, für Berlin, Wien, Paris und sogar für Chicago. Doch das war einmal und erscheint heutzutage nur noch wie eine Legende aus tiefem, dunklem Wald.

Passo del S. Gottardo (St. Gotthard)
Airolo
Basistunnel Furka
Leckihorn 3065
P.zo Lucendro 2963
Saashörner 3036
P.zo Rotondo 3192
Ticino (Tessin)
Fontana
Bedretto
Villa
Ronco
Ossasco
Pizzo di Mezzodì 2654
Nante
Piotta
Ambrì
Madrano
Brugnasco
L. Ritóm
Piora
Cadagno
P.ne Pro do Ronduc 2507
Altanca
Deggio
Quinto
Lurengo
Varenzo
Schenadüi 2747
Lukmanier pass
P. di Cadreigh
Dötra
P.zo Sole 2773
P.zo di Campello 2660
Valle Santa Maria
P.zo Gallina 3061
Nufenenpass
Nufenenstock 2866
All'Acqua
Val Bedretto
Il Madone 2756
Lago del Narèt
P.so Sassello 2334
V. Sambuco
P.zo Massari 2760
L. Tremórgio
P.so Campolungo
P.zo Campolungo
Fiesso
Rodi
Prato
Dalpe
Osco
Cari
Calpiogna
Mairengo
Faido
Molare
Rossura
P.zo Molare 2585
Bassa di Nara
Tengia
Chiggiogna
Calonico
Lavorgo
P.zo d'Era 2416
Anzónico
Schleierfall
P.so Cristallina
P.so del Narèt
Cristallina 2912
P.so di S. Giácomo (2313)
P.ne dei Laghetti 2616
Lago del Sambuco
P.zo di Röd 2699
Fusio (1278)
Mogno
Campo Téncia
P.zo Campo Téncia 3072
P.zo Forno 2907
Valle Leventina
Chironico
Cala
Cavagnago
Giórnico
Sóbrio
Val Chirónico
P.zo Barom 2864
C.ma Bianca 2612
L. Cavagnöö
Corno Gries
Marchhorn 2962
Basódino
L. di Robiei
Robiei
L. di Tóggia
L. di Morasco
Riale
L. Castel
P.ne di Braga 2864
Kastelhorn 3128
Basódino 3274
Tamierhorn 3087
Campo
P.zo Castello 2808
P.zo Mascarpino 2450
S. Carlo
Piano di Peccia
Val di Peccia
Péccia (840)
Sornico
Prato
M.ti di S. Carlo
Val Bavona
Sonlerto
Tosafall
Canza / Früttwald
Ponte / Zumstäg
P.zo Fiorera 2921
Valdo/Wald
Formazza/Pomat
Chiesa / Andermatten
Fondovalle / Stafelwald
P.zo Malora 2640
P.zo di Brünesc 2429
Bróglio
Menzónio
Brontallo
Ritordo
Fontana
Foróglio
Val Lavizzara
Corona di Redorta
P.so di Redorta 2804
M. Zúcchero 2736
Seccada
Püscen Négro
Fraced
Froda
Madone Grosso 2741
Sonogno
Persónico 1977
Wandfluhhorn 2863
P.zo d'Orsalietta 2476
Cavergno
Mondada
Strahlbann 2664
Martschenspitz
Rivasco
Ritzberg 2592
V. di Bosco
Bosco/Gurin
Grossalp
Madone di Cámedo 2446
Bignasco
Cevio (418)
P.zo delle Pécore 2381
La Márcia 2454
Frasco
C.ma di Gagnone 2518
Cortesello
Vald
Aghei
Gerra
Alnasca
Corino
Camanóglio
Linéscio
P.zo Bombögn 2330
Cerentino
Collinasca
Boschetto
Visletto
Riveo
Valle Maggia
Bolastro
P.ne Piancascia 2360
C.ma di Bri 2520
Brione
Valle Verzasca
Sonnenhorn (P. Quadro)
Campo
Piano
Niva
Cimalmotto
Rotonda
Cascata de Saladino
Someo
Giumaglio
Maggia
Cóglio
P.zo Alzasca 2262
Gana
Chiosetto
Motta
Madone di Giove 2265
Rosso di Ribia 2541
P.zo dell'Alpe Gelato
P.zo Cramalina 2322
Lódano
Lavertezzo
Moghegno
Màggia
P.zo di Vogorno 2442
Val di Vergeletto
Vergeletto
P.zo di Madei
A. Pisardo
Pilone 2192
P.zo Peloso 2064
Gresso
Aurígeno
Terra di fuori
Gordévio
Madone 2039
Corippo
S. Bartolomeo
Vogorno
Mergoscia
C.ma di Sassello 1890
C.ma di Canógia 2350
Vocaglia
Crana
Russo
Berzona
Loco
Dùnzio
Avegno
Cimetta 1672
Lago di Vogorno
Contra
Monte di Motti
Monte di Ditto
Gaggiole
Pioda di Crana 2430
P.zo Rüggia 2289
Spruga (1113)
Comologno
Mosogno
Auressio
Cavig.
Tegna
Vérscio
Monte Brè
Madonna del Sasso
Castello Visconti
Górdola
Tenero
P.zo la Schéggia 2466
P.zo di Ruscada 2004
Centovalli
Verdásio
Intragna
Iiano
Losone
Minusio
Muralto
LOCARNO (197)
Gerra
S. Gerolamo
M. Lóccia di Peve 2127
La Cima 1804
M. Ziccher 1967
Borgnone
Cámedo
Corcapolo
Rasa
Palagnedra
Arcegno
ASCONA
Magadino
Ticino
Buttogno
Toceno
Craveggia
Albogno
Coimo
Druogno
Crana
S.ta Maria Maggiore
Gagliago
Folsogno
Olgia
Moneto
Bordei
P.zo Leone 1659
Ronco s.A.
Isole di Brissago
S. Nazzaro
Vira
Fosano
Quartino
Monte Céneri 554
Gagnone
Orcesco
Val Vigezzo
Malesco
Gridone 2188
Brissago
Piodina
Piazzogna
S. Abbóndio
Gerra
M. Gambarogno 1734
M. Tàmaro 1962
Riviera
M. Torríggia 1703
Finero
Cúrsolo
Orasso
Spóccia
Valmara
Zenna
Caviano
Covreto
Dirinella
Pino L. Magg.
Indemini
Mezzovico
M. Gradiccioli 1936
Sigirino
Gurro
S. Bartolomeo
Tronzano L. Magg.
Biegno
Lozzo (892)
P.zo Stagn 2183
Falmenta
Caváglio
Sant' Agata
Musignano
Armio
Monte-viasco
M. Torrione 1984
Crealla
Cannobino
Traffiume
Cannobio
Lago Maggiore
Cadero
Gráglio
M. Magino
Riserva Naturale
C.ma della Lauraca 2195
Campagnano
Garabiolo
Mugena
Vézio
Arosio
M. Zeda 2156
Maccagno
M. Gradisea 1057
M. Lema 1620
Fescóggia
Agra
Breno
Due Cossani
Cademario
C.ma Sasso 1916
M. Spalavera 1534
Trárego
Viggiona
Chéglio
Cannero
Colmegna
Maßstab 1:200 000
Kilometer

# Wo gibt es was?

Fähnchennummer = Textnummer   ℹ = Auskunft

## Tegna ①

Von Locarno aus das erste Dorf auf der südostexponierten Flußterrasse des Pedemonte. Teilweise subtropische Vegetation.
Hoch über Ort und Maggia befinden sich Überreste eines keltischen Kastells sowie einer mittelalterlichen Burg. Auf einem Nachbarhügel Kapelle Madonna delle Scalate (17. Jh.). Sie enthält etliche Votivbilder. Großartige Aussicht auf Locarno und Lago Maggiore. Hübscher Dorfplatz. Besonders einladend ist das ›Ristorante alla Cantina‹ (in einem Haus des 17. Jh.); Wandgemälde einer Pietà von 1753.
Einblick in eine außergewöhnliche Pflanzengemeinschaft bieten Spaziergänge im Auenwald der Melezza.
Ein Ortsteil von Tegna ist *Ponte Brolla* an einer klammartigen Schlucht der Maggia (siehe Karte Seite 96). Die bizarren Gneisfelsen beeindrucken aus verschiedenen Blickwinkeln: etwa aus der schwindelerregenden Höhe der Centovallibahn-Brücke oder vom Wanderweg am schäumenden Wasser her. Interessante ›Erosionsmühlen‹, Auswaschungen und Ausschleifungen. Zu Hunderten trifft man sich hier zum Sonnenbaden. Schwimmen jedoch nur für Eingeweihte. Mehrere Grotti mit Spezialitäten. Mit Abgrundängsten werben ›Mamma-Mia‹ und ›all'Orrido‹.
ℹ Ente turistico di Locarno e Valli, Largo Zorzi 1, CH-6601 Locarno.

## Verscio ②

Bedeutendstes Dorf des Pedemonte, einer kleinen Ebene am ›Fuß der Berge‹ vor den Toren Locarnos, inmitten von Weingärten. Wie Tegna und Cavigliano dank Stadtnähe und unzähligen Wandermöglichkeiten ein idealer Ferienort. Aus Villen, Gärten und alten Häusern hebt sich die wuchtige Pfarrkirche San Fedele heraus. In den Barockneubau von 1748 wurde der Chor der mittelalterlichen Vorgängerkirche integriert. Neben der schönen Barockausstattung finden sich deshalb spätgotische Wandgemälde sowie romanische Fragmente. Um die Piazza herum Häuser aus dem 17. und 18. Jh. Die ›Casa Leoni‹ beherbergt Schule und Aufführraum des Pantomimen Dimitri (Vorstellungen im allgemeinen von Juni bis Okt.).
Wanderweg über Streccia, Dunzio nach Aurigeno im Maggiatal.
ℹ siehe Tegna.

## Cavigliano ③

Hinterstes Pedemontedorf, bescheidener als Verscio, für Ausflüge aber ebenso günstig gelegen und mit Hotels gesegnet. Im Dorf ein alter Backofen; die alten Häuser sind noch mit Fresken geschmückt.
ℹ siehe Tegna.

## Intragna ④

Eingangstor zum Centovalli und Onsernonetal – ein beliebtes Ausflugsziel und Ferienort. Sitzt als Halbinsel zwischen und über den beiden Flüssen Melezza und Isorno. Vom lateinischen ›inter amnes‹ (zwischen den Flüssen) soll sich denn auch der Ortsname ableiten. Blickfang ist von weitem der Kirchturm San Gottardos, mit 69 m der höchste des Tessins. Die Pfarrkirche wurde bis 1738 neuerrichtet; sehr schön die marmorne Rokoko-Balustrade vor dem Chor.
Reizvoll verschachtelter Ortskern mit attraktiven kleinen Läden. Einladend die Hotels ›Antico‹ und ›Stazione‹. Neonlicht und Motorräder weisen den Weg zur Diskothek. An der Hauptstraße die barocke Casa Magetti mit Loggia auf der Gartenseite.
Wanderrouten führen über die ›Corona dei Pinci‹ nach Ronco und an den Lago Maggiore; über Pila und Vosa auf einem alten Saumpfad nach Loco ins Onsernonetal; über Calezzo und Corcapolo (mittelalterliche Bogenbrücke über die Melezzaschlucht) zum Kammdorf Rasa; über Calascio nach Verdasio. Die meisten Wege führen an Weilern mit den typischen Steinhäusern vorbei – Rodungsinseln im Kastanienwald.
Spaziergänge nach Pila, Vosa und zurück; zum interessanten Ortsteil *Golino* auf der anderen Melezzaseite, einst ein wichtiger Umschlagplatz für den lokalen Paßverkehr, mit einigen palastartigen Häusern; mit der Luftseilbahn nach *Costa*.
Melezza und Isorno liegen so tief in ihren Schluchten, daß kaum jemand ans Baden denkt.
ℹ siehe Tegna.

## Palagnedra ⑤

Terrassendorf im oberen Centovalli, umgeben von Kastanien- und Nußbäumen. Beachtliche Palazzi zeugen vom Wohlstand der einstigen Tessiner ›Gastarbeiter‹ im Ausland.
Perfekt in die Landschaft eingepaßte Pfarrkirche San Michele. Im Neubau von 1666 ist wie in Verscio der alte Chor enthalten (heute eine Kapelle), mit reichen spätgotischen Wandmalereien; besonders interessant sind die Monatsbilder. Vor einem der Paläste, der Casa Mazzi aus dem 18. Jh., ein Bildstock mit der Muttergottes von Pècs.
Leichte Wanderungen über den verträumt im Wald liegenden Weiler *Bordei* (mit zwei idyllischen Grotti) zum autofreien *Rasa* (1000 m), das sonst nur mit der Luftseilbahn von der Station Verdasio aus erreichbar ist. Gastliches ›Grotto Ghiridone‹. Auch die Post dient als Gaststätte. Doch auch hier keine Zimmer.
Jenseits von Fluß und Palagnedra-Stausee die Gemeinde *Borgnone*. Lohnenswerte und wenig anstrengende Wanderungen zu den Bergdörfern Costa, Lionza und etwa dem erstaunlich unverfälschten Verdasio; dort ein Herrschaftshaus aus dem 17. Jh.
ℹ siehe Tegna.

## Loco ⑥

Hauptort des Onsernonetals, wie die Nachbardörfer regelrecht an einem steilen Südhang klebend. Hübsche Pfarrkirche (1506) mit aussichtsreichem Friedhof.
Das Talmuseum ›Museo Onsernonese‹ enthält Gerät zu der vor hundert Jahren blühenden Strohindustrie von Weltruf, Hausgerät, Kostüme und Waffen, dazu ein Fahrrad von 1880 und überaus interessante Votivbilder – sozusagen Sensationsschnappschüsse der Vergangenheit (tägl. geöffnet von April bis Okt.).
Zu essen gibt es im Ort, aber kein Bett. Wanderrouten nach Intragna, über den Passo della Garina nach Aurigeno (Maggiatal); über Calascio oder über Mosogno nach Verdasio.
Übernachtungsmöglichkeiten in Auresio (›La Pergola‹) und Russo (›La Posta‹).
ℹ siehe Tegna.

## Comologno ⑦

Bedeutendstes Dorf im oberen Onsernonetal (1080 m). Es verblüfft mit großen Palazzi – Sitz der Remonda-Dynastie, die im 18. Jh. in Frankreich zu Ansehen und Geld kam. Der Palazzo della Barca (1770), auf einer Terrasse gelegen und mit Aussichtsturm ausgestattet, beherbergte im Zweiten Weltkrieg italienische Flüchtlinge vor dem Faschismus.
Der Kirchenbezirk stammt aus der Zeit um 1800; in den fünfziger Jahren von Tessiner Künstlern neugestaltete Kreuzwegstationen.
ℹ siehe Tegna.

## Vergeletto ⑧

Hauptdorf des gleichnamigen, weitgehend unberührten Tals. Die barocke Kirche, eine alte Mühle am Fluß sowie eine Steinbogenbrücke über den Wildbach sind die bescheidenen Attraktionen. Mehrere Bergwanderrouten.
ℹ siehe Tegna.

Die Seepromenade in Ascona ist dank der subtropischen Vegetation und des milden Klimas vom Frühling bis zum Herbst ein beliebter Treffpunkt.

△ Hinter den prächtigen Fassaden der Piazza Grande lagerte einmal Handelsgut

Die enge Via San Antonio ▽

Locarnos Name soll vom keltischen ›Leukara‹ kommen. Das heißt ›die Weiße‹ und galt der Maggia. Locarno ist in seiner zweitausendjährigen Geschichte mehr Fluß- als Seestadt gewesen. Es teilte dabei weitgehend das Schicksal des übrigen Tessins: Im 12. und 13. Jahrhundert war es Zankapfel zwischen Como und Mailand, dann zwischen Schweizern und Mailand; von 1513 bis 1798 als eidgenössisches Untertanengebiet.
Um seine Bedeutung zu honorieren und es für die entgangene Hauptstadtwürde zu trösten, wiesen weise Politiker Locarno das kantonale Lehrerseminar und das meteorologische Observatorium zu. Haargenau wird also das Tessiner Wetter in Trinità dei Monti gemessen und observiert.

## Lombardisch nach Schweizer Art

Locarno hat seinen traditionellen Charakter mehr bewahrt als Lugano und ist lebendiger als Bellinzona. Es hat dem Kommerz und dem Tourismus nicht völlig seine Substanz geopfert – die Altstadt vermittelt lombardischen Charme und kleinstädtische Beschaulichkeit, als ob es gar keine Touristen gäbe.
Vielleicht liegt es am weiten Umland, das Locarno mit seinen Waren und Diensten versorgt. Noch heute kommen die Menschen aus den Tälern auf den Markt, der zweimal in der Woche die Piazza Grande belegt. Wo anderntags Ferraris, Porsches und Jaguars Parade rollen, herrschen dann Last- und Lieferwagen vor.

## Einmal Mittelpunkt der Welt

Im Herbst 1925 wurden im ›Grand' Albergo‹ die roten Teppiche ausgerollt, und die Aufmerksamkeit der Welt wandte sich Locarno zu. Die Außenminister von Deutschland, Frankreich, Großbritannien, Belgien und Italien verhandelten über die Zukunft Europas – oder doch eher über die Bewältigung der jüngsten Vergangenheit, das heißt der Folgen des Ersten Weltkriegs. So sah der Pakt zum Beispiel die Entmilitarisierung des Rheinlandes und einen grundsätzlichen Gewaltverzicht vor. Dieser ›gute Geist von Locarno‹, vom deutschen Außenminister Gustav Stresemann und seinem französischen Amtskollegen Aristide Briand eindringlich beschworen, war leider nur von allzu kurzer Dauer. Man-

△ Mit Sonnengarantie: Locarnos Promenade am Lago Maggiore

△ Üppige Barockpracht in der ›Chiesa Nuova‹

Strenge Bettelordenarchitektur: ehemalige Klosterkirche San Francesco ▽

Romanische Strenge der Kirche San Vittore in Muralto ▽

›Abendmahl‹ in der Wallfahrtskirche Madonna del Sasso ▽

△ Locarnos Burg, heute Museum

Ein Bild des Südens: Madonna del Sasso über Locarno ▽

chen Bedrohten, Verfolgten oder auch nur in ihrer Meinungsäußerung Eingeschränkten wurde Locarno dann bald zum Exil.

## Heute ein Heiliger Berg

Die Wallfahrtskirche Madonna del Sasso steht für die Tessiner im Mittelpunkt des religiösen Lebens. Doch die einfache goldlockige Madonna wirkt etwas verloren auf dem prunkvollen Hochaltar. Und die pathetisch-romantischen Gemälde von Antonio Ciseri, so die um 1865 entstandene ›Grablegung Christi‹, sind vom ursprünglichen Geist des Berges ebenso weit entfernt wie der gesamte monumentale Klosterkomplex.

Vielleicht hatte Bruder Bartolomeo d'Ivrea einfach genug vom Klosterleben, als er sich um das Jahr 1480 auf dem Felsvorsprung über der Ramogna seine Klause baute. Die Legende weist ihm später eine Marienvision zu, was einen idealen Anlaß für den Anfang des 17. Jahrhunderts angepackten Kirchenneubaus bot – mit der großen Kelle und unverkennbarer religiöser Propaganda. Die überladene Ausstattung stammt allerdings größtenteils aus dem 19. Jahrhundert. Wie dem auch sei – die Votivbilder illustrieren zahlreiche größere und kleinere Wunder. Bartolomeo hat einen guten Platz gewählt.

Das wissen neben den Gläubigen auch die Touristen zu schätzen, die den herrlichen Ausblick von der Terrasse auf Locarno und den Lago Maggiore genießen. Die einen erreichen den Ort zu Fuß in einer guten halben Stunde auf dem Stationenweg, die anderen in rund sechs Minuten vom Zentrum Locarnos aus mit der Standseilbahn – nur das Auto sollte man stehen lassen.

## Locarnos Strandpromenade

Am schönsten ist es im Frühling, wenn der See die ersten warmen Sonnenstrahlen spiegelt und die Kamelien blühen, während die Gipfel ringsum im Winterweiß leuchten. Zu dieser Jahreszeit findet man noch leicht einen Sitzplatz am Strand. Palmen und Bananenpflanzungen scheinen in Winterruhe, und die wenigen Boote an Land warten auf ein Lackbad.

Kunstmauern und Ziergärten lassen vergessen, daß der Strand früher vor allem Arbeitsraum war: Umladeort für die Fischer und Händler, Reparaturwerkstätte, Waschplatz der Frauen. Noch

△ ›Carnevale‹ bringt groß und klein auf die Beine

△ Bei den Festumzügen in Locarno …

△ Tessiner Folklore-Parade

… kommen Augen und Ohren auf ihre Kosten ▽

△ Tafelfreuden unter freiem Himmel: … …›Risotto Carnevale‹ im winterlichen Ascona ▽

vor 80, 90 Jahren trugen sie die Wäsche in ›Gerle‹, den Tragkörben, ans sandige Ufer, schrubbten sie mit Kernseife, spülten und wrangen – alles von Hand natürlich.

Von diesem einstigen See der Wäscherinnen gehört der Schweiz nur ein kleiner Teil, von Locarno aus leicht zu überblicken. Das Panorama wird durch das Maggiadelta begrenzt. Im Westen erscheint, wie Pfahlbauernland, das Riet der ›Bolle di Magadino‹; gegenüber erhebt sich steil die dunkle Waldflanke des Gambarogno.

Wie weit der Lago Maggiore sich noch nach Süden schlängelt, überblickt man freilich nur aus der Höhe. Immerhin bringt er es bei nur 3000 bis 5000 Meter Breite auf eine Länge von 60 Kilometer, trägt seinen deutschen Namen also zu Recht: Langensee.

## Wein und ›Risotto carnevale‹

Man wähnt sich im Schlaraffenland: An Fastnachtstagen dampft dicker Reisbrei in großen, rauchgeschwärzten Kesseln auf der Piazza Grande, ziehen Würste in heißem Waser – ein Schmaus für alle, und noch dazu gratis. Der Sinn ist klar im katholischen Tessin: Vor dem Beginn der Fastenzeit darf noch einmal ausgiebig geschlemmt werden.

Zwar hält sich heute kaum noch jemand an die Enthaltsamkeitsgebote, doch die Feste läßt man sich deshalb nicht entgehen. Die öffentliche Risotto-Orgie wurde im vergangenen Jahrhundert Brauch. Vorher war Reis eine Exklusivität der Reichen. Kraftbrühe, Butter, Zwiebeln, Pilze, Safran, Käse und Wein stecken in dem deftigen Gericht. Die Köche müssen starke Arme haben. Denn es gilt den riesigen Kochlöffel nicht nur zu halten – der Brei muß in Bewegung bleiben, und das heißt: rühren, rühren, rühren…

›Castagnata‹ und ›Vendemmia‹ wurzeln in ernstgemeinten Erntedankfesten für Kastanie und Wein. Heute, da man beides billiger aus Italien importiert, haben sie eher folkloristischen Wert. Die Umzüge sind allemal bunt und stimmungsvoll.

## Künstler, Spinner und Mäzene

Wann Ascona die Unschuld des schlichten Fischerdorfes verlor, weiß niemand so ganz genau. Die fünf jungen Verfechter eines natürlichen Lebens – vier davon waren Deutsche –

△ Asconas Seepromenade unter Platanen

Aus der Altstadt erhebt sich die Kirche Santi Pietro e Paolo ▽

△ Chorschmuck von San Martino in Ronco

△ Ascona: Galerien und Antiquariate . . .

△ . . . in den engen Altstadtgassen

△ Brissago-Inseln: Die ganze Isola grande mit ihrem Palazzo . . .

. . . ist ein botanischer Garten mit herrlicher Vegetation ▽

die im November des Jahres 1900 langhaarig, bärtig, auf Sandalen und in flatternde Gewänder gehüllt an diesem Ort eintrafen, weckten etliche Verwunderung, doch flogen keine Steine. Auf dem Monte Verità entstand eine Reformkommune mit dem Ziel, einen alternativen Kurbetrieb aufzuziehen. Anarchisten und Spiritisten suchten in Ascona ihr neues Mekka, drückten sich gern vor Arbeit und Verantwortung und überließen es den Gründern, die notwendigen Mittel zu beschaffen. Diese gaben nach zwanzig Jahren auf und vertauschten den ›Berg der Wahrheit‹ mit Brasilien.

Das liberale Klima Asconas hatte inzwischen jedoch zahlreiche Künstler und Nonkonformisten angezogen, und so wurden vegetarische Kost und Reformkleidung auch unter dem niederländischen Bankier Eduard von der Heydt hochgehalten. Asiatica fanden hier ein Domizil – heute im Züricher Rietberg-Museum zu bewundern –, und die Eranos-Tagungen lockten führende und weltbekannte Geisteswissenschaftler aus ihren Elfenbeintürmen. Die vielen Memoiren sind geschrieben, der Monte Verità ist heute ein Staatsbetrieb – für Spinner ist da derzeit wenig Platz.

## Vertreibung aus dem Paradies

Die Brissago-Inseln sind die Südsee des ›kleinen Mannes‹. Einmal unter Palmen wandeln, eine ›Victoria regia‹ berühren – hier wird es Wirklichkeit. Denn die ›Isola grande‹, die größere der beiden kleinen Inseln vor dem Nordwestufer des Sees, gehört als botanischer Garten der Öffentlichkeit. Alle haben Anspruch auf ein bißchen Paradies.

Dem ging allerdings eine Vertreibung voraus. 1885 wurde Antonietta Baronin de Saint-Léger Inselherrscherin. In Rußland geboren, lebte sie ihren Hang zu Exotik nicht bloß gärtnerisch aus. Eine dubiose Vergangenheit und ihre extravagante Gegenwart führten sie in eine triste Zukunft: Geldmangel nötigte die Baronin 1927 zum Verkauf der Insel. Erst als Tote kehrte die Arme (und Verarmte) ins Paradies zurück.

Derweil gab sich der Geldadel insularen Lustbarkeiten hin: Der deutsche Kaufhauskönig Emden vergnügte sich mit Kunst, schnellen Booten und hübschen, jungen Damen. ›Auch Leben ist eine Kunst‹, war sein Motto, und das darf man im Tessin wohl gelten lassen.

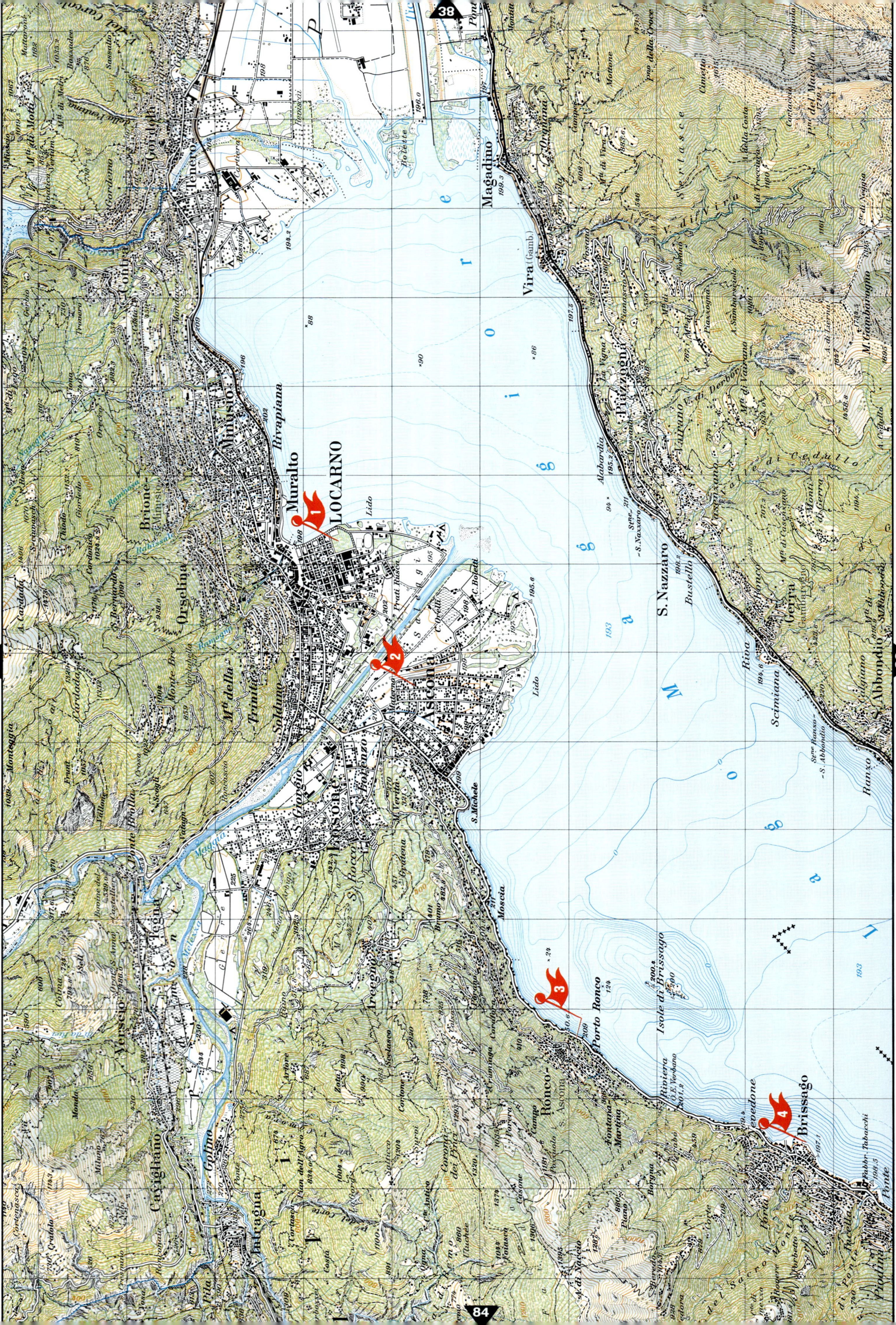
Maßstab 1 : 50 000
Kilometer
LOCARNO
Muralto
Minusio
Ascona
Brissago
Magadino
Vira (Gamb.)
S. Nazzaro
Porto Ronco
Isole di Brissago
Ronco-Ascona
Losone
Tenero
Orselina
S. Abbondio
Lago Maggiore

# Wo gibt es was?

Fähnchennummer = Textnummer ❶ = Auskunft

## Locarno ①

Wichtigste Schweizer Stadt am Lago Maggiore. Der Zusammenschluß mit Muralto, Minusio und Orselina zählt rund 23 000 Einwohner.
Die Innenstadt ist klein; ihr Herz ist die weiträumige Piazza Grande (donnerstags Markt), einstige Hafenmole und Opfer der (immer noch weiter fortschreitenden) Versandung im Bereich des Maggiadeltas. Unter den Arkarden war einst Schiffsfracht eingekellert. Hier findet man nun Kaufhäuser, Spezialgeschäfte, Cafés sowie Feinkostläden und Boutiquen, die sich mit Galerien und Antiquariaten in die Nebengassen weiterziehen. Dort sind auch die interessantesten Ristoranti zu finden. Fürs Essen oder den Apéro mit Seeblick sucht man sich ein Lokal gleich unterhalb des Bahnhofs. Dort führt die Promenade Lungolago G. Motta am See entlang. Am Westende der Altstadt steht der wuchtige Torso der Burg (14./15. Jh.); immer noch beeindruckend, obwohl 1531 von den Eidgenossen geschleift. In den Ausstellungen stehen bedeutendste Maler und Bildhauer des 20. Jh. in interessantem Kontrast mit der Architektur von Mittelalter und Renaissance sowie antiker Keramik und Bronzen; separat Dokumente und Fotos zur Friedenskonferenz von 1925 (geöffnet April bis Okt. tägl. außer mo).
Die wichtigsten Kirchen befinden sich etwas abseits. San Vittore in *Muralto* ist ein romanisches Juwel (11./12. Jh.); frisch renovierter Innenraum, Krypta mit beeindruckenden Kapitellen. Am anderen Stadtende der Friedhof mit mediterranem Pomp; Hauptüberraschung sind allerdings die reichen gotischen Fresken der unscheinbaren Friedhofskapelle, Chor der früheren Klosterkirche Santa Maria in Selva (15./16. Jh.). Barocke Üppigkeit vermittelt die ›Chiesa Nuova‹ (1636) an der Via Citadella; den Weg zu ihr weist ein riesiger Christophorus.
Bedeutendstes geistliches Zentrum des Tessins ist die Wallfahrtskirche Madonna del Sasso (16. und 17. Jh.). Von der Via Ramogna führt eine Drahtseilbahn zum Kapuzinerkloster hinauf. Authentischer ist die Annäherung über die Via del Sasso und einen der beiden Kreuzwege; herrliches Panorama. Informativ das Museum zur Geschichte des ›Heiligen Berges‹ sowie die Sammlung von Kirchenschätzen und Votivbildern (tägl. geöffnet). Aus dem 16. Jh. stammt die äußerlich schlichte Kirche San Francesco; im Innenraum illusionistische Malereien.
Eine Fortsetzung der Seepromenade mündet in die ›Giardini Jean Arp‹, ein Freilichtmuseum mit Skulpturen des berühmten Elsässers (1887–1966). In der Pinakothek des Casa Rusca das Museo dell'Arte moderna. Ein paar Schritte weiter das Lido.
Veranstaltungen: Karneval mit öffentlichem Risottoessen im Februar; Internationales Filmfestival mit Freilichtaufführungen auf der Piazza Grande Mitte August; Traubenfest Ende September und Kastanienfest Mitte Oktober. Kulturelle Veranstaltungen gemäß Tagespresse oder (auch auf deutsch) übers Verkehrsbüro (Ente turistico). Harmlose Kursaalatmosphäre im Casino. Mehrere Dancings und Diskotheken.
Unzählige Ausflugsmöglichkeiten: Seerundfahrten, verbunden mit Besuch der Brissago-Inseln; Tragflügelbootsfahrten (aliscafo) nach Italien; mit der Luftseilbahn von der Madonna del Sasso aus nach *Cardada* (1332 m) und mit Sessellift nach *Cimetta* (1672 m) – im Winter Skipisten und Langlaufloipe.
❶ Ente turistico di Locarno e Valli, Largo Zorzi 1, CH-6601 Locarno.

## Ascona ②

Legendärer Treffpunkt und Ferienort am Südufer des Maggiadeltas. Keltischer Siedlungsplatz, im Mittelalter Fischerdorf und zugleich militärischer Stützpunkt mit nicht weniger als vier Burgen. Die ›Kolonisierung‹ des Monte Verità durch Vertreter der Reformbewegung ab 1900 verlieh dem Ort den Hauch von Exotik und Extravaganz, der Künstler und Schickeria anzog.
Besichtigt hat man Ascona rasch: Anfang und Ende ist die Strandpromenade Piazza G. Motta mit ihren Cafés und Gasthäusern; die engen Gassen sind voll eleganter Boutiquen, Kunstgalerien, Antiquariate. Am kopfsteingepflasterten Platz bei der etwas düsteren Pfarrkirche Santi Piedro e Paolo (16. Jh.) mit sehenswerten Gemälden und barocken Fresken die schöne Barockfassade der ›Casa Serodine‹ (um 1620). Mehrere kunsthistorische Kostbarkeiten birgt das ›Collegio Papio‹, ein Kloster aus dem 16. Jh.; die Stiftskirche mit umfangreichem spätgotischen Freskenzyklus, Renaissancealtar und einem prächtigen Hof derselben Epoche. Von den Burgen ist wenig übriggeblieben.
Lohnend ist der Spaziergang auf den Monte Verità mit seinen erholsamen Parks und einigen Nostalgiefassaden oder zur Wallfahrtskirche Madonna della Fontana (17. Jh.) mitten im Wald.
Freibad, Tennisplätze, Segelschule, Reitgelegenheit usw. Eher exklusiv der schön gelegene 18-Loch-Golfplatz.
Im ›Museo Comunale‹ ist viel Gästeprominenz vertreten (geöffnet April bis Okt tägl. außer mo).
Die Casa Anatta auf dem Monte Verità bietet Anschauungsmaterial zur Geschichte des ›Berges der Wahrheit‹.
Im Juni das New Orleans Festival; im Juli ›Danzascona‹, Open-air-Ballette; im Spätsommer Internationale Musikfestwochen mit erstklassigen Solisten und Ensembles; im Februar Karneval mit Risotto-Essen.
Zehn Fünf- und Vier-Sterne-Hotels bieten jeden Komfort. Außerdem zahlreiche ›Alberghi‹.
❶ Ente turistico Ascona e Losone, CH-6612 Ascona.

## Ronco ③

Ferienort hoch über dem Lago Maggiore mit Ausblick auf die Brissago-Inseln. Abgesehen von den ›Paradiesgärten‹ ist vor allem die Pfarrkirche San Martino (1583 und 1886) sehenswert: ausdrucksstarke gotische Chorfresken, darunter illustrative Monatsbilder. Der Kirchenpatron am Hochaltar stammt von dem Einheimischen Antonio Ciseri (1821–1891); das Geburtshaus des späteren Akademieprofessors (in Florenz) neben der Kirche enthält als Museum Werke des Künstlers.
❶ Ente turistico Brissago e Ronco, CH-6622 Ronco di Ascona.

## Brissago ④

Für seine Inseln berühmtes Ferien- und Ausflugsziel am Lago Maggiore, Grenzort zu Italien. Münzfunde erinnern an das römische ›Brixagium‹. Selbständige Republik im 14. Jh.; ab 1521 eidgenössisch. Aussichtsreiche Terrasse vor der Pfarrkirche (16. Jh.), flankiert von 600jährigen Zypressen. Kunstgeschichtlich interessanter, wenn auch arg ›gereinigt‹, ist die Renaissancekirche Madonna del Ponte (1526–1546).
Lohnende Wanderungen zu den Bergdörfern Piodina, Incella, Porta. Barocker Kalvarienberg mit neun Wegkapellen im Valle del Sacro Monte (18. Jh.).
Nach Voranmeldung beim lokalen Verkehrsbüro können die Tabakfabrik sowie die Kraftwerkzentrale ›Verbano‹ besichtigt werden. Schulen und Geräteverleih für verschiedene Wassersportarten. Hotels aller Kategorien. Hauptattraktion Brissagos ist die größere der beiden gleichnamigen Inseln. Bis in die vierziger Jahre Privatbesitz, steht sie nun der Öffentlichkeit als botanischer Garten zur Verfügung. Pflanzen aus aller Welt nach Florenbezirken. Der Palast enthält ein Museum mit afrikanischer Volkskunst. Isola Grande von April bis Mitte Okt geöffnet.
❶ Ente turistico Brissago e Ronco, CH-6614 Brissago.

# Touristik-Informationen von A bis Z

## Adressen

Allgemeine Informationen: Schweizerische Verkehrszentrale, Bellariastraße 38, CH-8027 Zürich, Telefon 01/2881111, Fax 01/2881205; Schweizer Verkehrsbüro, Kaiserstr. 23, D-60311 Frankfurt, Telefon 069/2560010, Fax 069/25600138; Schweizer Verkehrsbüro, Kärntner Str. 20, A-1010 Wien, Telefon 0222/5127405, Fax 0222/5139335.
Für den ganzen Kanton Tessin zuständig: Ente Ticinese per il Turismo, Villa Turrita, CP 1441, CH-6501 Bellinzona, Telefon 092/257056, Fax 092/253614. Außerdem fünfzehn regionale Verkehrsvereine (Ente turistico), angegeben auf den jeweiligen ›Wo gibt es was?‹-Seiten; in allen wird auch deutsch gesprochen.

## Angeln

Auf Angler warten Äschen, Barsche, Forellen, Felchen, Hechte, Karpfen, Saiblinge und Zander. Im Luganer See und im Lago Maggiore darf ganzjährig, in den übrigen Gewässern nur von Juni bis Okt. gefischt werden. Die erforderlichen Lizenzen gibt es bei den Gemeindeämtern. Die Touristenlizenz, gültig für zehn Tage, kostet zur Zeit 50 sfr für Erwachsene und 25 sfr für Jugendliche unter 18.

## Camping

Über 50 Campingplätze stehen im Tessin zur Verfügung, die Mehrzahl an den beiden großen Seen. Eine Broschüre des Ente Ticinese per il Turismo enthält alle wichtigen Angaben. Freies Campieren in den Tälern ist verboten.

## Einkäufe

Propaganda und Auslagen täuschen: Die Tessiner sind keine Bauern und Kunstschnitzer mehr – authentisch sind am ehesten die kulinarischen Spezialitäten: Kastanien, Wurstwaren, Brot, Süßigkeiten wie ›Torta di Pane‹ oder ›Amaretti‹, Käse, Honig. Interessante Produkte bieten auch die Kunsthandwerkergenossenschaften an.

## Ferienwohnungen

Zahlreiche ›Rustici‹ sowie Appartements sind zu mieten. Über Lage, Einrichtung und Mietbedingungen informieren kostenlose Verzeichnisse der regionalen Touristenbüros.

## Feste und Bräuche

Kulturelle Veranstaltungen von internationalem Ruf sind die Primavera Concertistica in Lugano, das Orgelfestival von Magadino (Juni), das Festival Jazz in Lugano (Juli), die Musikfestwochen in Ascona (Juli bis Oktober), das Blues to bob Festival in Lugano (September), sowie das Internationale Filmfestival von Locarno.
Auf kirchlicher Tradition beruhen Prozessionen und Feldumgehungen in den Dörfern. Besonders eindrucksvoll sind die Gründonnerstags- und Karfreitagsprozessionen von Mendrisio.
Karneval mit Maskentreiben und öffentlichem Risotto-Essen in Ascona, Bellinzona, Locarno, Lugano sowie mehreren kleinen Orten. Mit Jahreslauf und Erntedank verbunden sind Fischerfeste (Brissago, Caslano) sowie Kastanien- und Winzerfeste – beide im September und Oktober in mehreren Orten, darunter Locarno und Lugano.

## Geld

Währung der Schweizer ist der Franken (sfr) zu 100 Rappen (rp). Im Umlauf sind Münzen zu 5, 10, 20, 50 Rappen sowie 1, 2, 5 Franken; Noten zu 10, 20, 50, 100, 500, 1000 Franken.

## Jugendherbergen

Eine Broschüre ›Touristenunterkünfte, Jugendherbergen‹ gibt es beim Ente Ticinese per il Turismo (Bellinzona). Es gibt über 30 solcher Billigunterkünfte im Tessin, eigentliche Jugendherbergen jedoch nur in Figino (westlich von Morcote), Lugano und Melano.

## Küche

Die Tessiner Küche ist überwiegend italienisch beeinflußt. Die Alltagsküche hält sich jedoch nicht an die mediterrane Speisenfolge mit Teigwaren zur Vorspeise und Fleisch samt Beilagen zum Hauptgang, sondern bietet lediglich ein Hauptgericht. Die gängigsten Spezialitäten sind Risotto oder ›Busecca‹, ein Kutteleintopf. Ein ›Tessinerteller‹, wie er in jedem einfachen Gasthof angeboten wird, enthält Salami, Rohschinken, Coppa, manchmal noch andere Wurstsorten plus Ei oder Essiggurke. Tessiner Weine sind der Merlot und ›Nostrano‹, ein herberer, manchmal etwas säuerlicher Roter aus alten Traubensorten. Einheimisches Verdauungselixir ist die ›Grappa‹, ein Traubenbrand.

## Museen

Kunst: Museo Comunale, Ascona; Museo Epper, Ascona; Sammlung Thyssen-Bornemisza, Lugano-Castagnola; Museo Cantonale d'Arte, Lugano; Museo Vela, Ligornetto; Pinacoteca Rusca, Locarno; Villa Ciani, Lugano; Pinacoteca cantonale Giovanni Züst, Rancate; Villa dei Cedri, Bellinzona; Museo Cantonale d'Arte, Mendrisio; Villa Melpensata, Lugano.
Geschichte und Volkskunde: Musei dell' arte e delle tradizioni popolari del Ticino, Bellinzona; Museo Civico, Bellinzona; Casa Tencalla, Bissone; Walserhaus, Bosco Gurin; Museo di Vallemaggia, Cevio; Museo di Leventina, Giornico; Museo Madonna del Sasso, Locarno; Museo onsernonese, Loco; Museo storico di Blenio, Lottigna; Museo di San Martino, Olivone; Museo di Val Verzasca, Sonogno; Museo della civiltà contadina, Stabio.
Natur: Museo cantonale di storia naturale, Lugano; Museo dei fossili, Meride; Museo di minerali e fossili, Semione.
Verschiedene: Casa Anatta, Ascona; Museo etnografico africano, Brissago (Isola Grande); Museo doganale svizzero, Gandria.

## Sport

An den Seen wird praktisch jede Art von Wassersport ausgeübt; Boote und Taucherausrüstungen können gemietet werden, entsprechende Schulen vermitteln Grundkenntnisse.
Fallschirmspringen, Deltasegeln, Segelfliegen – Magadino macht es möglich. Reitställe konzentrieren sich um Lugano (Bedano, Curio, Origlio) und Bellinzona (Contone, Quartino).
Für Golfer kommen nur Ascona und Magliaso als Ferienort in Frage. Man kann Tausende von Kilometern wandern. Spezialkarten und Wanderführer an Kiosken und in Buchhandlungen.

## Sprache

Die Tessiner sprechen einen lombardischen Dialekt, jedoch nur unter Freunden. Italienisch ist Amtssprache. Verständigen kann man sich, wenn man nicht Italienisch spricht, mit vielen Tessinern auch auf Französisch und Hochdeutsch, das im Tessin eher als Schweizerdeutsch verstanden wird.

## Telefon

Vorwahl in die Schweiz: 0041, von dort nach Deutschland: 0049. Notrufnummern: Polizei 117, Feuerwehr 118, Pannendienst 140, Ambulanz 144. Außerdem: Wetter 162, Straßenzustand 168.

## Zoll

Zollfrei sind die üblichen, für den persönlichen Gebrauch bestimmten Dinge. Ansonsten gelten die Bestimmungen für Nicht-EU-Staaten wie zwei Liter Wein und 200 Zigaretten etc.

# TESSIN

## DIE SONNENECKE DER SCHWEIZ

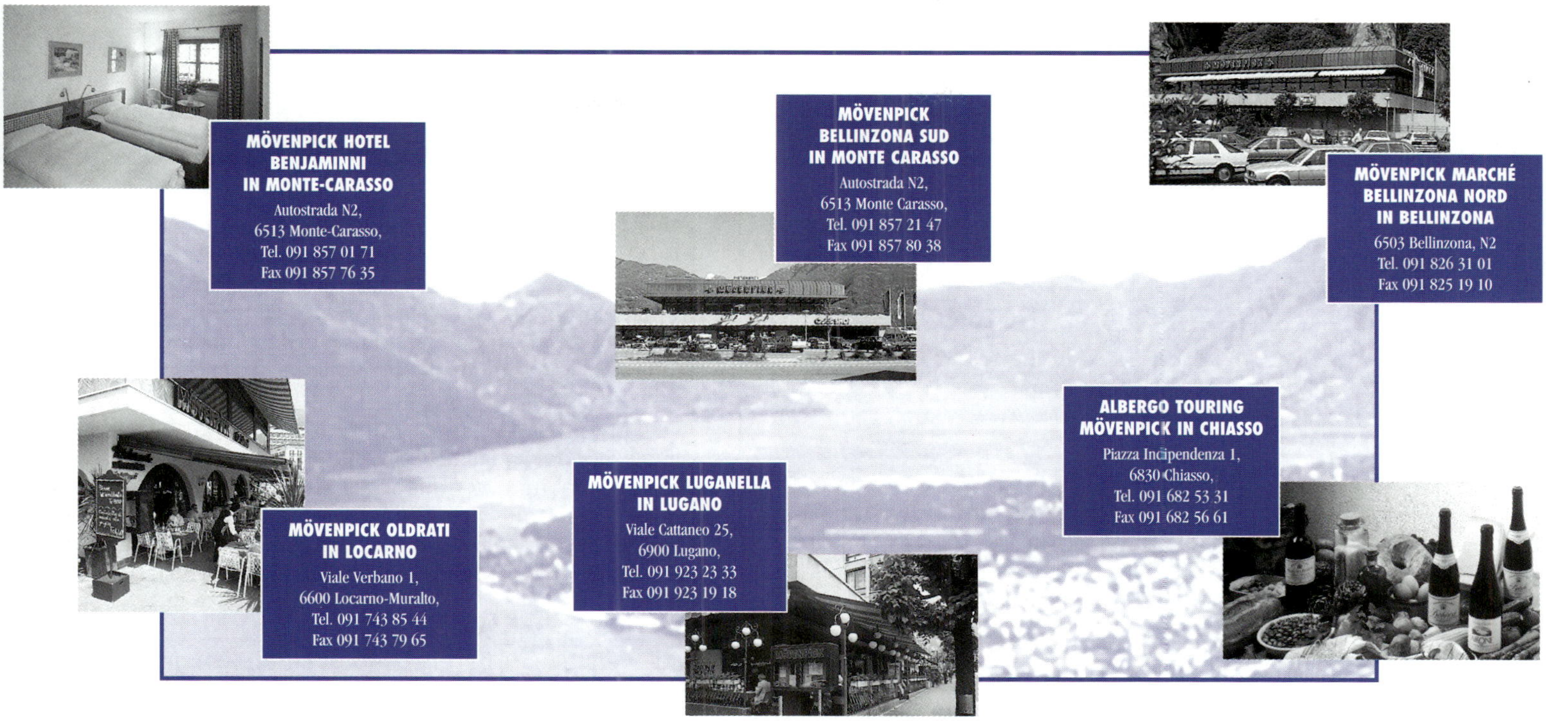


**Das Tessin – die Sonnenstube der Schweiz – man muss es sehen, fühlen und riechen, seine Berge und Seen, Täler und Wälder, die heissen Sommermonate, die farbenprächtigen Herbsttage oder den Frühling, mit seinen lieblichen Düften und blühenden Kastanienhainen. Wer ins Tessin kommt will essen, trinken, ausspannen und übernachten. Es stehen Ihnen sechs exklusive Destinationen von Mövenpick zur Auswahl.**

MÖVENPICK

# ITALIA: KUNST, NATUR

## Die großen Seen der Voralpen empfangen als erste die Gäste aus Zentral- und Nordeuropa und bieten harmonische Synthese

Detailierte Informationen können Sie gratis bei der Schiffarhrtsgesellschaft unter folgender Adresse anfordern:

**Navigazione Laghi**
Via L. Ariosto
20145 Milano, Italien
Tel. 0039-2-4812086 - Fax 0039-2-4980628

DIREZIONE DI ESERCIZIO DELLA

**NAVIGAZIONE SUL LAGO MAGGIORE**

28041 ARONA - VIALE BARACCA, 1 TEL. 0322/46651-2-3-4 FAX 0322/249530

Der Lago Maggiore - von den Römern Verbanus gennant - bietet hervorragende Verbindungen sowohl mit der italienischen Halbinsel als auch mit dem Norden, durch den Sempione-Tunnel und die St. Bernardino-Pass-Autobahn, in der Schweiz. Darüber hinaus wird der mailänder Flughafen Malpensa von zahlreiche Linienflüge angeflogen.

Die Navigazione Lago Maggiore Schiffahrtslinie ist ein öffentlicher Service unter der Leitung des Transportministeriums. Mit der Erfahrung von mehr als einem Jahrhundert, steht ihr heute eine Flotte von 30 Schiffen zur Verfügung, die alle Ortschaften des italienischen und schweizerischen Seebeckens verbindet. Für weitere Informationen rufen Sie bitte 0322/46651 an.

Die meisten größeren Motorschiffe verfügen über eine Snackbar, Internationale Linien-Motorschiffe sind mit modernsten Bordküchen ausgerüstet und bieten einen gepflegten Menü- und à-la-carte-Service.

In Zusammenarbeit mit den Fremdenverkehrsbüros (Enti Turistici) veranstaltet die Navigazione Lago Maggiore Gesellschaft zahlreiche Tages-und Abendvergnügungsfahrten mit Tanzunterhaltungen und/oder Festessen an Bord.

Im Frühling und Sommer sind Arona und die zentralen Ortschaften des Langensees täglich in Verbindung mit Locarno und anderen Städten des schweizerischen Gebietes. Die Verkehrsmittel sind ein großes Motorschiff mit Bar und Restaurant für 250 Gäste und schnelle Tragflächenboote, die bis zu 180 Personen fassen und mit einer Geschwindigkeit von 60 km/h über das Seewasser gleiten.

Von Stresa, Baveno und Pallanza erreicht man täglich mit zahlreichen Fahrten (jede halbe Stunde) Isola Bella, Isola Madre und Isola dei Pescatori (Schöne Insel, Mutter Insel, Insel der Fischer).
Von hier und von Intra gibt es häufige Verbindungen nach Villa Taranto und nach der Eremitage von S. Caterina del Sasso.

5 bis zu 30-90 Wagen und 600 Personen fassende Fähren verkehren von Intra nach Laveno und zurück auf der direktesten Verbindung zwischen Piemonte und Lombardia.

Senioren über 60 Jahre aus allen EG-Ländern genießen Preisermäßigungen von 20% auf allen Strecken des italienischen Gebietes. Diese Ermäßigung wird das ganze Jahr außer am Samstag und an Feiertagen mit Vorlage eines Identitätsdokument gewährt.

**Die wichtigsten Ausflüge:**

Locarno ................ mit Mittagessen an Bord

I. Bella ................. Besichtigung des Palazzos und der Gärten

I. Pescatori .......... Piknik oder Mittagessen im Restaurant

I. Madre .............. Besichtigung des Palazzos und der Gärten

# UND GESCHICHTE

## dessen, was man das Bild Italiens nennt: die einzigartige Verschmelzung von Natur, Kunst und Geschichte.

Der Comer See, (in der Antike Larius gennant), hat die Form eines umgedrehten Ypsilon. Seine beiden Ausläufer enden in Richtung Süden in Lecco und im Südwesten in Como.

Der Comer See liegt sehr nahe bei Mailand und ist aus dem Norden kommend, bequem mit dem Auto, (via Chiasso) der Eisenbahn und dem Flugzeug zu erreichen.

Die Schiffahrtsgesellschaft (Navigazione Lago di Como) auf dem Comer See ist staatlich und blickt auf eine mehr als hundertjährige Erfahrung zurück. Sie besitzt heute 26 Schiffe, die alle Orte des Sees anlaufen. Einige der Schiffe haben ein Restaurant an Bord und bieten gepflegte Küche und ausgezeichneten Service an.

5 Fährschiffe, die 16 bis 23 Autos und bis zu 400 Fahrgästen befördern können, verkehren zwischen Cadenabbia, Bellagio, Varenna und Menaggio. Mit der Verbindung Varenna - Bellagio kann die Durchfahrt durch Lecco vermieden werden.

Die Navigazione Lago di Como organisiert im Sommer, auch in Zusammenarbeit mit Touristikunternehmen, zahlreiche Kreuzfahrten, die tagsüber als auch nachts durchgeführt werden. An Bord gibt es Tanzunterhaltung und die Möglichkeit eine Mahlzeit einzunehmen.

Kreuzfahrten, die circa eine Stunde dauern, werden an Sonn- und Freitagen ab Lecco und Como durchgeführt.

Allen Passagieren ab dem 60. Lebensjahr (Italiener und Staatsangehörige der E.W.G.) wird von Montag bis Freitag, gegen Vorlage eines entsprechenden Ausweises, eine 20% Ermäßigung auf den normalen Fahrpreis gewährt.

**Die wichtigsten Ausflugsfahrten:**

| | |
|---|---|
| * Como<br>Piona<br>Como | Besuch der Abtei/Bordrestaurant |
| * Como<br>Bellagio/Tremezzo<br>Como | Besichtung von Villen und Parks<br>Bordrestaurant |
| * Como<br>Menaggio<br>Como | Panorama-Kreuzfahrt entlang des Ufers des Mittelsees / Bordrestaurant |

* Nachtkreuzfahrt mit Tanzgelenheit an Bord

Detailierte Informationen können Sie gratis bei der Schiffarhrtsgesellschaft unter folgender Adresse anforden:

**Navigazione Laghi**
Via L. Ariosto
20145 Milano, Italien
Tel. 0039-2-4812086 - Fax 0039-2-4980628

DIREZIONE DI ESERCIZIO DELLA

**NAVIGAZIONE SUL LAGO DI COMO**

22100 COMO - VIA PER CERNOBBIO, 18 - TEL. (031) 579211 - FAX (031) 570080

# 3 ★★★★ Hotels Ascona Lago Maggiore stellen sich vor…

Albergo – Ristorante ★★★★
**ascolago**
CH-6612 ASCONA · D. & H. Fuchs

Ihr sehr zentral gelegenes Erstklasshotel mit direktem Seeanstoß. Geheiztes Hallen- und Freiluftbad mit großzügiger Liegewiese. Sauna/Solarium/Massage. Eigener Bootssteg mit Segel- und Motorbootschule. Elegantes Restaurant mit ausgezeichneter Küche und der schönsten Seeterrasse am Lago Maggiore.

Tel. 091/7912055, Fax: 091/7914226

Via Collina
CH-6612 Ascona
Tel.: 091/7911135
Fax: 091/7921748
★★★★ HOTEL ASCONA
Best Western

**Das ideale Hotel für Ferien in jeder Jahreszeit!**
Sehr ruhige Lage, inmitten eines prachtvollen Gartens, mit unvergleichlicher Panorama-Aussicht. Familiäre Atmosphäre, persönlicher und aufmerksamer Service. Beheiztes Außen-Schwimmbad, Sauna, Whirlpool, Parking. Interessante Pauschal-Angebote während der ganzen Saison.
**Wir freuen uns auf Ihren Besuch!**

HOTEL ASCO VILLA
CH-6612 Ascona
Via Lido/Via Albarelle ★ ★ ★ ★
Fax 7854400
Tel. 091/7854141

Diese Oase der Erholung liegt inmitten einer sehr gepflegten und großzügigen Gartenanlage. Nur wenige Schritte vom Golf, See, Lido und der weltberühmten Piazza entfernt und dennoch sehr ruhig.
Outdoor-Pool • Sauna • Solarium • Mietfahrräder • Ping-Pong • Garage • Parkplätze.
Wir freuen uns auch SIE bald als unsere Gäste verwöhnen zu dürfen.

DEM GOLFPLATZ NÄCHSTGELEGENES ★★★★ HOTEL

# Cioccolatiamo?

EIN UNVERGESSLICHES ERLEBNISS IM ERSTEN UND EINZIGEN SCHOKOLADENMUSEUM DER SCHWEIZ. TÄGLICH VON 9.00-19.00 GEÖFFNET. SAMSTAG UND SONNTAG 9.00-17.00. GRATIS DEGUSTATION. GRUPPEN AB ZEHN PERSONEN FREIEN EINTRITT.

Alprose
ORIGINAL SWISS
THE WORLD OF CHOCOLATE

Chocolat Alprose S.A. • via Rompada • P.O. Box 147 • CH-6987 Caslano-Lugano • Tel. 091 606 66 66 • Fax 091 606 51